尼克・哈特 Nick Hatter 著
李伊婷 譯

自我提問的力量

掙脫人生困境、提升覺察力、讓潛能炸裂的七大關鍵句

The 7 Questions

The Ultimate Toolkit to Boost Self-Esteem, Unlock Your Potential and Transform Your Life

目次

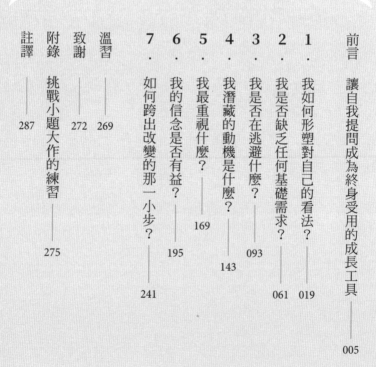

前言

讓自我提問成為終身受用的成長工具

改變一個人，
必須先改變他對自我的覺察。

｜

人本主義心理學家，馬斯洛

別跳過前言

拿起一本勵志書時，我會立刻跳到第一章；現代人哪有時間閱讀前言？大家總有做不完的事情、有需求要滿足、有目標要實現、有地方要去。當然，忙碌不一定有效率。我讀勵志書的方式和使用電子產品相同，只想讓它們快點運作，沒有時間去閱讀說明書。事實上，我事後總會後悔，因為後來還得花費數小時去搞清楚設備為什麼不靈光。我知道你很想跳過前言，但還是請你先放慢腳步，花點時間了解這趟旅程的地圖。

放下忙碌與匆忙，這個時間是你專屬的。關掉手機、離開社群媒體，為自己倒杯洋甘菊茶，深吐一口氣，然後用心閱讀這篇前言。你需要了解這本書的內容、作者的動機，以及它將如何改變你的人生。

自我覺察是轉變的關鍵

七個簡單的問題就可以改變你的人生。這是真的。這十三年來，我個人接受了各種輔導和戒癮療程。我也參加人生教練的訓練，並學習「以尋解導向」（solution-focused）為中心的心理治療法。最終我成為專業的教練，協助客戶改變人生。我發現，個人成長最重要的推力就是「自我覺察」(self-awareness)；要提升這種能力，就要多問自己問題。

從二〇一八年開始，我接連指導了三百五十多位客戶。課程開始時，我會先請客戶填寫一份表格，以釐清他們正在面對的問題。人們尋找教練的原因如下（由低到高）：

10．覺得錢不夠
9．情緒問題（生氣、恐懼、悲傷等等）
8．感情問題
7．職業生涯受阻
6．無聊和不滿足
5．缺乏生活動力
4．拖延症
3．自信不足或低自尊
2．找不到工作或人生目標
1．沒有過自己想要的生活

在我的教練實務中，我也不斷問自己這些深層的問題，以幫助客戶解決難題；而他們的思維和生活的確也改變了。我常常在腦海中一遍又一遍地問自己，因此得到新的見解，進而成為更好的自己。保持開放、對自己誠實並有意願改變，那麼這些問題也會對你的人生產生深遠的影響。

在某些情況下，他人的建議是有用也是必要的，但它很難進入到自我覺察中；面對建議，我們要嘛接受，要嘛就放棄。然而，自我提問則是迫使你向內看、增加自我覺察。許多作家會提供大量的建議，讓你暫時感覺更好、態度更積極，那些書通常包含明確的準則，或請你培養某個習慣。事實上，我認為這類書籍已經飽和了：做這個、做那個；不要做這個，不要做那個。可惜的是，讀者往往是左耳進右耳出。

但本書不一樣，我會問你一系列的問題，幫助你用前所未有的方式發現和了解自己。比起直接提供解答，每當客戶在深思後靈光乍現時，其內心會更有力量。有些深奧的問題很難回答，所以我會分享一些具有洞察力的範例，以及重要的提示與線索，幫助你找到自己專屬的答案。

舉例來說，你在星期六的凌晨拉肚子，那你最應該思考的問題是：「週五晚上吃的海鮮有沒有問題？」答案應該很清楚。但是，如果你想改變生活並成為最好的自己，就要問自己一些有力而深刻的問題。在冷靜而清醒的情況下，帶著一顆開放的心去自我探問，就更有機會度過困境，包括失業、經濟問題、失戀或中年危機等。想要成長並發揮潛力，也需要透過自我覺察。

我也是過來人

我是聲譽卓著的人生教練，許多報章雜誌都會徵詢我的專業意見。我多次出現在廣播和電視節目。而且，我還深受專業人士信任，包括醫生、神經科學家、治療師和臨床心理學家等。

我幫助過各式各樣的客戶：名人、電視節目主持人、演員、總裁、律師、會計師、退伍軍人、全職媽媽，甚至是無家可歸的人。牛津大學的精神醫學教授沙阿・塔法羅什（Shah Tarfarosh）認為，心理健康問題一定要設法預防。他也強調，像我這樣的人生教練非常重要，可以幫助陷入困境的大眾；許多人不一定患有憂鬱症，卻認為自己的人生過得相當悲慘。這些人往往自信心不足，生活或事業停滯不前。如果沒有我出手相助，他們就得求助於醫院，甚至得服用抗憂鬱藥物。

我接受過專業訓練，還有豐富的個人經歷。我並非紙上談兵。在人生大部分的時間裡，我都在自卑與創傷中掙扎，還得對抗物質成癮的問題。我在一個不健全的家庭中長大，情感和身體上都受過虐待。我在學生時代受到嚴重的霸凌和排擠，得不到他人一絲絲的尊重。

過去，人們大多都是用居高臨下的語氣跟我說話。我總是「唯唯諾諾」，想要討好他人，也從不認為自己很有女人緣，感情上老是被拒絕。事實上，我愛上的第一個女孩，後來跟我最好的朋友交往！在那之後交往二年的女朋友，也一樣離開了。此後，我就陷入了不健康和有毒的關係。我還離開了一家價值一百七十萬英鎊的企業，那可是我胼手胝足，花了四年時間創立起來的。

這一切所帶來的禮物是，我渴望再次成長，並試著提升自尊。多年來，我接受了各種領域的訓練和治療，包括創業、行銷、約會和健康的男性特質。我的頭腦和心靈都有所成長，如果不是心理治療，我也不會有今天。成為專業的教練後，我才有機會在陽光明媚的海灘上度假。我感到非常幸運，而這一切要歸功於我的自我成長計畫。

我參與十二步驟戒癮團體超過五年，起先我是成員，後來也成為無償的帶領者，努力給予支持、傾聽大家的心聲。在這過程中，我學習到的原則也適用於其他情況。這些寶貴的知識，包括提升自尊，我都會傳授給客戶和讀者。因此，若你正受苦於自卑、自我形象低落、壞習慣和拖延症等問題，或是不確定人生及事業的方向，要知道你並不孤單，而且情況一定會改善。多年來，我一直走在自我成長的路上，我可以幫助你實現理想的人生，讓你成為最好的自己。

感謝你的信任，我們要一起踏上這段激勵人心的自我發現之旅。

人生教練的好處

人生教練現今非常多。在英國電視情境喜劇《窺男志》（*Peep Show*）中，就出現了不可靠又兩光的「人生教練」。在劇中，我行我素的傑若米一夕之間變成人生教練，並告訴客戶說，對方一定要跟男友分手。不用說，這個建議在職業道德上有問題（而且傑若米還坐在他客戶的床上）。這是個極端的例子，但重要的是，幫手一定要找可靠的人。

我常常開玩笑說，依賴共生者（co-dependent）、治療師和教練之間的區別在於：依賴共生者免費替對方解決問題；而治療師和教練的區別在於，後者不用穿著斜紋軟呢外套，還能獲得更多報酬。

我的教練主管法蘭西絲・麥斯特斯（Frances Masters）是英國諮商與心理治療協會（BACP）的教練和心理治療師，擁有超過三萬小時的專業經驗。在走過心理治療和自我成長的坎坷道路後，她得出了以下結論：「要區分教練和治療師，就像把果凍釘在牆上。」換句話說，很難做出簡單明瞭的區分，因為兩者有很多重疊之處。

教練課程不像心理治療，不是關於療癒創傷或處理心理問題，而是要幫你釋放你全部的潛力，實現理想的目標，幫助你成為最好的自己。正規的心理治療所需時間較長，著重於治療創傷；而教練課程為期較短，重點在於解決問題、實現目標及快速成長。

在漫長的治療過程中，我們都會身心俱疲，還得承受旁人的異樣眼光。所以很多人對於接受心理治療有點顧忌。因此，在二〇二〇年，每四個尋找治療師的英國人，就有一個會改找人生教練。我預估這個數字會繼續增加。也許人們不想一直重溫自己的童年，許多治療師也意識到這一點，所以也接受培訓成為兼職的人生教練。

七個問題代表人生四大領域

這本書就像一把瑞士刀；它有七個主要問題，就像一組自我教練工具包，可以重複使用，讓你隨時保持自我覺察，繼續往內心探索，並著眼於人生大局。這些問題會不斷延伸，指引你走向前方，不斷成長。你的自我覺察、思考力和洞察力都會提升，更能應對生活中複雜而多面的挑戰。如果你學會使用它，就可以創造出更多的工具。

瑞士刀之所以成為出色的工具組，不僅在於多功能，而且便攜和易用。製造商結合了七種不同的工具，這背後是有完整的設計考量。這本書的結構也一樣，是由內到外應對你的人生。

事實上，本書至少包含了四十二個問題，但要全部記下，你一定會精疲力盡，即便它們能幫助你探索生命問題。所以我們濃縮成精巧的七大問題。我會引導你進入一段由內而外的轉型之旅，大致遵循德國存在主義的「四個世界」：自我世界（Eigenwelt）、人際世界（Mitwelt）、靈性世界（Uberwelt）及你周圍的環境世界（Uberwelt）。如此一來，這套方法就會有結構又有邏輯。

心理領域：你與自己的關係

- 我如何形塑對自己的看法？這問題有助於提高自尊，尤其面對失業、分手或童年受過創傷。（第一章）
- 生活是否缺乏基本需求？我們與生俱來就有一些條件要滿足，好讓身心得到十足的茁壯成長。（第二章）
- 我是否在逃避什麼？這個強大的問題能解決消極、自我破壞或成癮的行為。（第三章）

人際領域：你與他人的關係

- 我潛藏的動機是什麼？為什麼想做某件事情？為何如此對待他人？為什麼想要實現某些目標？（第四章）

靈性領域：你的人生目標和優先事項

- 我最重視什麼？這個問題可以用來解決進退兩難的困境，像是選擇職業或是找出

人生目標以及核心價值觀。（第五章）

- 我的信念是否對我有益？這個深刻且內省的問題，幫助我們辨別、放下不適合自己的信念。（第六章）

物理領域：周圍的環境和世界

- 如何跨出改變的那一小步？這個簡單有力的問題，能用來克服拖延症，讓我們做出積極的改變。（第七章）

讓潛意識浮現，才能改掉壞習慣

作為人生教練，我的工作是提供許多建議，甚至會提醒你喝酒不要開車。若要挑出一個最終極的建議，那就是「睡飽一點」。不管是要有所成就，還是想維持心理健康，充足的睡眠都是不可或缺（我將在第二章做更多說明）。

當然，建議也有不適宜又無效的。在體育和職涯方面，教練的建議具有關鍵的作用力，特別是啟發學員的自我探索力。

儘管我是經驗豐富的教練，但你才是自己人生的專家：你經歷過的人生，只有你自己才懂。為何你老是陷入同樣的困境？為何做事情拖拖拉拉？這些壞習慣的起因你內心深處都明白，只是平常沒有意識到。若沒有提升洞察力，你餘生都會不自覺地重複相同模式，就像自動駕駛一樣。正如精神分析學家榮格所說：「潛意識若沒有進入意識，它就會主導你的人生，進而控制你的命運。」而要找出自己的行為模式，就從自我提問開始。

接下來，我會擔任你的人生教練，為你提供具有洞察力的問題，讓那些重要的答案從你的潛意識浮上來。本書出現的問題都是我在實務上會使用的。花一點時間，反思一下這些問題，接著再往下讀。你也可以仔細地在日誌中寫下感想。身為你的教練，我希望你：

- 以開放的心態閱讀本書。
- 花點時間停下來思考問題。
- 具體落實書中的建議。

你想藉由閱讀這本書達到什麼目的？提升自信心、了解自己的行為動機或想找到人生目標？在繼續往下閱讀前，請花點時間思考。每個人的內心都有成長的資源，只要提出正確的問題，發掘自己的真實面向，你就能成為理想中的自己。

1

我如何形塑對自己的看法？

我們生來便是王子，

而養育的過程卻把我們變成了青蛙。

|

美國心理學家，艾瑞克．伯恩（Eric Berne）

從前有隻青蛙覺得自己很醜，每次他看著自己的倒影，都會看到一張凹凸不平的臉，上面布滿了暗褐色的斑點。其他青蛙都對他很壞，嘲笑他長得不一樣，他的自卑感於是加深。他決定尋求睿智的老巫師幫忙，問他是否能讓自己變好看。

「每次我照鏡子，我都討厭自己所看到的！」青蛙哭著說。老巫師答應要幫助他，但沒有對他施咒，而是請青蛙帶他去看看，他在哪裡看見自己的倒影。於是，青蛙帶著老巫師來到水坑邊。這時老巫師笑了，他對青蛙說：「看著如此汙濁的水坑，你永遠都會覺得自己是骯髒的！」然後他向小青蛙舉起一面乾淨的鏡子。

突然間，有生以來第一次，青蛙清楚地看見自己的樣子。他才發現，自己根本不是醜陋的青蛙，而是非常英俊的王子！長年以來，他總是根據別人對待他的方式來建立信念。事實證明，青蛙一直在錯誤的地方找尋自己是誰；原來只要視線清楚，就能看見真實。一幅畫不會知道自己的美麗，一顆鑽石不會知道自己的價值，王子也常常沒有意識到自己高貴的一面。

我們對自己的看法決定了我們的自尊（self-esteem）。嬰兒出生後，對自己評價並不低，而自卑是學習而來的信念和行為。根據劍橋英語詞典：「所謂自尊，就是對自己能力和價值的信念和信心，以及尊重自己。」另一種自尊，是你對自己的感覺：你喜歡、熱愛還是厭惡自己？自尊心低下會讓你有憂鬱、嫉妒和憤怒等情緒，還會讓你陷入社交孤立和有毒的關係中，甚至有物質成癮的問題。失業、分手或投資失利，都會徹底擊垮你（也擊垮了我）。

自尊主要取決於七個關鍵因素：

1．核心認同（認為自己是誰）
2．認同故事（如何定義過去對自己的影響）
3．如何看待錯誤和不完美
4．是否將負面事件都當作自己的錯
5．如何衡量他人
6．核心信念
7．言行一致

你如何介紹自己？是用「母親」、「父親」或工作職稱？你會因為犯錯而責怪自己嗎？若你還沒有發現真正的自己，那自尊心難免會不穩定或低落。

了解自己的身分認同，才有助於穩定高度的自尊，投入事業、感情和社交生活才會更有自信和滿足。心理學研究表明，收入會隨著自尊心的提高而增加。[1] 自尊愈強，就愈不容許他人的傷害，也就更能遠離有毒的關係和環境。

我自己和客戶的真實故事都證實，唯有找到自己的真實認同，才能跳出負面的行為模式。所以我才要請你問自己：「我如何形塑對自己的看法？」

首先，仔細思索一下這些項目的不同之處：你是誰、你做的事、你所擁有的、你手邊的事以及你的感受。

你認為自己是誰？我們將探索你的身分故事，以及被嚴重誤解的原因。我還會介紹一個簡單而有效的方法，讓你對於過去和現在的情況有正面的看法。

我們還將探討完美主義的風險，尤其是對你自尊的傷害。

如坐雲霄飛車般的創業歷程

我從來不曾想過，二十五歲的自己會在諮商師的辦公室裡哭泣。「我曾經是成功有前途的執行長，」我啜泣地說道：「但現在我是誰？我誰都不是。」

在我與夥伴共同創立FDBK約會應用程式前[2]，我經營一家名為禮物遊戲（Giftgaming）的公司（最近在第三輪投資後估值為一百七十萬英鎊）。我那時是首席執行長——那是我的身分。每次介紹自己時，我都感到自豪而有力。四年來，我的名片上寫著：「尼克・哈特——公司創辦人兼首席執行長」。

我從前在科技公司的地下室當程式設計師，對這份工作感到幻滅後，才創辦了禮物遊戲。科技公司的主管規定很多，同事又常嘲笑我，令我感到格格不入、心情鬱悶。那些頂大的資工系畢業生都視電腦如命，也不大重視衛生習慣和禮儀。我們下班去酒吧時，他們還在討論程式，而我只想聊天、放鬆一下！

顯而易見，我不屬於這個地方。主管要求我每週工作四十個小時以上，偶爾週末還要值班，有時還得早起應付資安的緊急狀況。主管每天問候我的方式不是「你好嗎」或，而是「這些案子交給你」。看來電腦伺服器比我還受到尊重。

「就這樣了嗎？」我自怨自艾，每天從地下室的鐵窗往外看，有如身陷在監獄般。「我得擺脫這一切，有些事情必須改變。」這肯定是許多客戶來找我時的感受。

於是，我決定要創立自己的公司，並研究到哪裡可以遇見投資者。各校的「創業周末」（start-up weekends）是很好的起點。雖然我錯過了母校南安普敦大學的創業周末，但我溜進劍橋大學的活動。當時我並不知道自己的人生就此改變。在短短四十八小時內，我構思了一種新穎的遊戲內置廣告方式，也就是「禮物遊戲」。於是，我的身分從「地下室的程式設計師」變成「公司創辦人兼首席執行長」。

那時的內置廣告都很老套，多半是為廠商製作遊戲裝備，比如有可口可樂標誌的虛擬寶劍。另外有些措施對玩家的干擾太大，例如觀看廣告影片獲得虛擬貨幣或額外的命。因此我發明了禮物遊戲，由特定廠商贊助，把虛擬貨幣或額外的命作為「禮物」送給玩家。虛擬禮物只需幾秒鐘就可以打開，而且不用為廠商量身訂做裝備，各種遊戲都能適用。這個設計具有高度擴展性，效益很高但不需負擔高額的管理費用。

令我驚喜的是，劍橋賈吉商學院（Cambridge Judge Business School）給我一個免費的學員名額，讓我成為他們推廣創業的一員。他們不會從我這裡拿到任何股權或報酬，所以我馬上就接受了他們的提議。我辭掉正職工作，賣掉所有的東西，搬到劍橋。有些日子，我只靠番茄燉豆和柳橙汁度日（那是我唯一負擔得起的）。在平日，我發展自己的事業，而在周末，我會去商學院聽講座並接受創業指導。

我的新創公司沒多久就登上各大新聞媒體，包括TechCrunch、《今日管理》（*Management Today*）、《劍橋新聞》（*Cambridge News*）和《商業周刊》（*Business Weekly*），我還收到許多投資者的電子郵件。那時我才二十四歲，經過三輪投資募集到二十五萬英鎊。有一些知名的遊戲公司註冊了我的平台，包括King（「糖果傳奇」的開發商）和史克Square Enix（「太空戰士」系列的開發商）。美國饒舌歌手費堤·瓦普（Fetty Wap）研發的遊戲「傳奇賽車」（*Nitro Nation Stories*）也用過禮物遊戲。我還與百事可樂開會，打算在遊戲中置入激浪汽水的廣告。對我這個不起眼的小公司來說，前景看好。但是，在二〇一七年三月，我的人生再次發生變化，卻是往壞的方面發展。

我最終患上精神疾病，完全喪失行為能力。我的恐慌症一次又一次地發作，而且害怕樹木和彷彿在「指著我」的物體。我投入了萬分心力，過得漫長又艱苦，長期缺乏睡眠又濫用咖啡因。我在不健全的家庭長大，度過難熬的學校生活，把所有創傷壓在心裡。

這一切加總起來壓垮了我。

我接受了半年密集的心理治療，再次恢復正常，但我的事業卻成了冒煙的火山口，客戶和投資者追著我要最新消息，但我再也沒有精力去經營公司了。我受夠了廣告界和手遊世界。為了賺錢而賺錢已不再吸引我，我想做一些更具意義的事情。有些人稱此為「創傷後成長」，在創傷事件後的個人轉變。

於是我做出痛苦的決定；我離開花四年多建立起來的公司。我將公司清算並將收益歸回股東。就這樣，我不再是「執行長」，公司價值從一百七十萬英鎊變成零，我的自我價值和身分也一樣。然後，我不得不去申請租屋補助，這無疑是我一生中最卑微的日子。

最終，我來到諮商室，哭著說「我是個無名小卒」。從劍橋搬到倫敦後，我終日以淚洗面，覺得自己很失敗。

低自尊難以用成就填滿

顯然，將自己的身分建立在工作、事業、關係或財務狀況上，本質上是不穩定的。我們得設法定義自己的存在，但人生無常，必須找到堅實的基礎。自我認同的基礎需有內在而持久的元素。我們的真實身分是最深層的自己，不管我們擁有什麼、感受到什麼，都不會改變。

許多人會透過外在因素來定義自己，像是學歷、工作、財產、腹肌、伴侶、孩子或著作。在社交活動中，我們最常問彼此的問題就是：「你是做什麼的？」當我們失去這些外在因素，就很容易變得沮喪，尤其是失業；一方面沒了收入，而且主要的身分也被剝奪了。

舉例來說，我有一位學員珍妮。在女兒出生之前，她是事業有成的律師，但現在的主要任務就是換尿布：「以前我是積極又能幹的職場女強人。但現在，我大部分的時間都在照顧女兒。我現在什麼都不是，只是個媽媽，但我覺得自己能做的不只如此。」

失去一段關係也會傷害自我認同。羅伯特是一名成功的作家，他被女友甩了之後自尊心處於低谷，所以來找我商談。我問羅伯特，如果滿分是十分，他會為自己的自尊心打幾分？他回答道：「大概三分吧。」從前，他是某人的男朋友，現在他被拋棄，覺得沒人愛了。

事業上的成功也不足以掩蓋自卑的痛苦。布萊德是一位經驗豐富且成功的企業家，他的淨資產超過一千萬英鎊，還有幾棟漂亮的房子和超級跑車。最初，布萊德來找我是為了提升他的工作效率。

然而，在經過深入的探索後，我發現，作為一名具競爭力的成功人士，他需要獲得愈來愈多的成就，才能讓自己感覺良好，包括擁有超級跑車和名錶。

我問布萊德：「要擁有多少財產、汽車和手錶，你才會覺得足夠？」他知道我要表達的意思。

事實上，沒有任何外在的東西能填補自卑和內心空虛，即便有效果也很短暫。成就、資歷、財產等外在事物你只能一再追求，才能維持自我感覺良好。

「你如何定義自己？」問自己這個問題，想想看，你的認同是否全取決於外在屬性？

WWH提問法

只要記住WWH口訣：誰（Who）、什麼（What）、如何（How），就能拆解自己的組成成分：

1. 「誰？」這裡談論的是性格與特質，例如有自信、慷慨、關懷、聰明等。這是自我中最重要的部分，也是知己和伴侶最喜歡你、最難以忘懷的部分。就算你是超級富翁或世界名人，但如果你的品格不好，就只會有損友；他們只想利用你的金錢、地位和成就。

2. 「什麼？」你擁有什麼或在做什麼？這裡指的是財產、職業和關係，以及你的伴侶、孩子或外表。親人和好友會欣賞你做的事情或擁有的東西，但這些是次要的，他們更重視的是你的特質。想想看，在你的葬禮上，大家會怎麼說你？

3. 「如何？」你的工作表現或感受如何？事情做得好不好？是否有表現出優點？當我聽到搖滾樂團聲音花園（Soundgarden）的主唱克里斯・康奈爾（Chris Cornell）去世時，我非常難過，他是一位偉大的創作者。聯合公園的主唱查斯特・班寧頓（Chester Bennington）去世時，我也非常心痛。我不知道他們是誰，只知道他們優異的音樂表現。

重點在於，「你是誰」跟「做得多好」是兩回事。有些名人因為他們的出色表現而受到讚揚，但他們的為人就不一定可取。有些成功的政治家和領導者私德有問題；某位知名的好萊塢製片人被踢爆性侵女員工；有些大牌演員會對工作人員頤指氣使；有些成功的藝術家則有重度的自卑和憂鬱問題。

從這些例子可以看出，職位、財富、名聲、成就不等於受歡迎、有自信或人格完整。然而，許多人都弄錯了，他們以為只要事業成功，就會有價值感和受人喜愛。事實上，他們更應該努力成為品德良好的人。

我有位客戶名叫詹姆士，他是一名優秀的律師，在倫敦經營事務所已超過十五年，平日過著舒適的生活。然而，他的伴侶卻因此感到被忽視，很後悔當初支持詹姆士開業。詹姆士的事業如此成功，卻仍感到很自卑。我在上課時問他：「若沒有這些成就，你會是誰？」他停了很長時間，然後說：「我真的不知道。」

於是，我告訴詹姆士：「去問問你的朋友，他們為什麼要和你做朋友。如果只是為了你的成就和事業，那這些朋友不要也罷。如果他們真是好朋友，就會能說出你的優點和特色。」

一週後，他跟我列出一堆自己的特點，像是聰明、體貼和有趣。這無法解決詹姆士的自尊問題，但至少朝著對的方向邁出一大步。他開始在工作之外探索自己。過去他的價值和認同都建立在工作上，所以無法獲得足夠的成就來肯定自己。

WWH提問法看似簡單明瞭，但效果驚人。

許多人都忘記，「我是誰」與「我所做的」、「我的表現如何」是三個不一樣的問題。不少人在失業或失戀後就徹底崩潰，是因為過度認同自己的感受。但感受會改變，但你的核心性格卻不會。有時你會感到悲傷，但這種情緒不必然成為你的人格特質。因此，許多冥想練習就是為了讓你跟自己的感受保持距離，從情緒的起伏中跳脫出來。

根據「接納和承諾療法」（ACT），有種過程稱為「認知解離」（cognitive defusion），這跟冥想非常相似：放開你的想法和感受，將其視為溪流中的葉子。這可以緩解負面情緒。因此，WWH提問法有助於放鬆心情。總之，「你」不是「你的感覺」。

同樣，憂鬱症是一種疾病，它是「你擁有的」或「你的感受」，但不是你的身分特質。

有個女人第一次見到自己的心理師時，她伸出手說：「嗨，我是躁鬱症患者。」心理師微笑回禮說：「嗨，我是馬克。」有些人會以自己的疾病來定義自己，在社群媒體的個人檔案中寫下「我是憂鬱症患者」，好像是那他們身分認同。

患有精神疾病並不可恥，但不必拿來定義自己，就像我們不會一開口就談到自己的身體疾病：「你好，我是尼克．哈特，身分是人生教練，而且是氣喘患者。」

我戒癮超過五年了，每次聽到有人說「我是約翰，我是酒精成癮的人」，我都會有點生氣。「成癮」當然有負面的含意，包括自主能力差、行為失控。承認自己有問題很重要，但不要用它來定義你的身分，以免強化這個行為。

我的第一位人生教練漢斯．舒曼（Hans Schumann）戳破我的這種行為。我第一次上課就對他說：「我是工作狂和愛吃鬼。」他馬上反駁我，說這樣給自己貼標籤有什麼意義。我防備心很強，馬上回說：「這是我多年來的自我認同！」然而，隨著時間的推移，我開始接受他的建議，那些不是我的核心身分；成癮行為不是個人特質。

漢斯警告我，刻意給自己貼上成癮者的標籤，就會強化那些行為。根據「標籤理論」，自我認同會變成「自我實現的預言」。社會學教授特蕾莎．夏伊德（Teresa Scheid）和艾瑞克．賴特（Eric Wright）總結道：

有些人的自我認同是「精神病患者」，把症狀當成自己的特質。於是他們預期自己的病不會好，並繼續表現出症狀。他已內化並認同患者這個角色。簡而言之，只要我們把某人貼上異常標籤，並視為異類，他終究就會變成有問題的人。精神疾病成為他的身分認同和生活議題的焦點，而他的人生也從此失序。[3]

我非常同情心理疾病的患者。在我人生的不同階段，焦慮症、憂鬱症和創傷後壓力症候群分別擊垮了我。根據兩位教授的論點，有些人一聽到你的心理健康標籤，就會用異樣眼光看待你，於是它會變成自我實現的預言，讓你無法康復。你會不斷告訴自己：「我好不起來了，這就是我。」你的成長之路就此受到阻礙。

請記住，你不是那堆疾病標籤。有位心理治療師對我說：「醫師等專業人士才需要用到那些診斷。但患者的病情加重，正是由於自己太常提起那些症狀名稱。」

我是一位人生教練，但我的身分遠不止於此。朋友們還說，我這個人幽默、風趣、聰明又體貼。在靈性層面上，我是上帝（或大宇宙）的不完美產物。這些是不變的特質，任何情況下都不會消失（執行長的頭銜則不然）。

花時間反思一下WWH祕訣。無論你擁有什麼、正在做什麼，你的核心性格都不會變。在這個不斷變化的世界中，你要找到自己的定位，為自己的認同打下堅固的基礎。除了性格、職業、財產、成就、標籤和技能之外，要找到真實的自我，還要檢視你對自己訴說的往事。

課間練習↓朋友眼中的你

首先：問問你最親近的三個朋友：

- **你為什麼要和我做朋友？你喜歡我哪一點？**
- **在做人方面，我有哪件事需要改進？**

條列記下他們所說的話，接著用WWH口訣來辨別，哪些答案屬於「我是誰」，並提醒自己，這就是你在這世上所展現出來的樣子。練習後，再觀察你的身分認同產生了什麼樣的變化？

改變故事的主軸，就能改變人生

每個人都有一套身分認同的故事，內容包括過去發生的事，以及別人如何對待我們。在多年的累積下，人生故事會包含許多微妙的細節。最終，它們會變成潛意識的自我對話，比如「我不夠好」或「我有問題」。問題在於，這些故事會令人失去力量而更加自卑。因此，改變這些往事的敘述方式，就可以迅速提高我們的自尊。

你不應該老是責備自己，有時問題不在你身上，而是你身邊的人有虐待傾向或價值觀有問題。

坦白說，我也厭惡自己很多年了。我的人生故事主題就是「我不夠好」。我有幾個回憶支持這個想法。我記得，小時候哥哥有時對我很惡劣，而且我在學校都很不受歡迎，而且告白老是被拒絕。

十四歲的時候，我想約瓦萊麗出去玩。她和我一樣喜歡科學，而且我們的成績都名列前茅。我總在想，我們真是登對。可惜的是，每次我約她出去時，她都會一口回絕，而她身邊的女同學都會笑起來。我覺得自己一文不值，然後在腦海裡形成這套劇本：「她拒絕我，是因為我不夠有魅力。」這成為我身分認同的一部分。

十二年後，我和瓦萊麗重新聯絡上。她現在婚姻幸福，還有兩個孩子。聊起了往事，瓦萊麗說的話令我大吃一驚，使我質疑起自己的身分故事。

「尼克，你記得嗎？當年你約過我們班上所有的女孩。」她調侃地說。

「對啊。」

「噢，老天。那是我人生中最丟臉的日子了！我也有約妳出去！」

「噢，但當年妳拒絕我了。」我臉紅了。

「事情是這樣的……那天你約我出去，我很想說好。但我怕其他同學會笑我，所以那天沮喪地回家了。我還哭了！」

聽到她這麼說，我完全呆住了。

「等一下！照妳這麼說的話，我完全搞錯了。這十二年來，我一直以為，妳拒絕我是因為我不夠好。」

「當然不是！」她笑著說。

我簡直不敢相信。一直以來，我都認為問題是出在自己身上，是我不夠好，不夠帥。結果是我創造了一個跟事實無關的負面故事。

我的客戶安雅是著名的舞者，有大量的社群媒體粉絲。她經常上電視，多次接受媒體採訪。後來安雅跟伴侶分手，自尊受到巨大的打擊，所以開始虛構故事，把問題都歸到自己身上。

安雅沒有罹患憂鬱症，但她只想暴飲暴食、整天躺在床上。她的事業開始下滑，經紀人也非常擔心。我猜想，假如當她沒來找我，也許情況會變得更糟。

我們一起做了一個簡單的練習。我在便利貼上畫了一條水平線和一條垂直線相交，然後問她：「這代表什麼？」

她瞇起眼說：「這是一個十字架。」

我問：「還能是什麼呢？」

「或許是一個圖表？」

「還有呢？」

「噢，我知道了！這是一個二乘二矩陣！」

「還有呢？」

「嗯，一個十字路口？」

她提出了幾種不同的解釋。

「妳看，人類是建構意義的機器，」我跟她解釋著：「同一個符號可以得出不同的解釋。」

接著我問她：「看來妳最認定第一個答案，妳為何如此肯定？」

「其實我不知道。」她回答。

「沒錯——除非我清楚交代自己的意圖，或妳找到更多的資料依據，否則妳無法肯定它是什麼。我畫了這個符號，但只有我最了解它的含意。」

然後，我請她再看一次那個符號。

「這一次，請妳再看一次，它就像妳的分手理論，妳很愛做出不同的解釋。」

「對，而且我深信分手全是我的錯。我應該對他好一點的。」

「還有什麼其他解釋呢？」

「我不確定。」

「他想要結束這段關係，也許有他的考量。」

安雅想了想，然後回答說：「他當時是有一些課題要面對。」

「還有呢？」

「嗯……也許他不是一個合適的伴侶？」

「看吧，不同的解釋出現了。」

「對，我之前從未想過這樣的情況。」

停止責怪自己

安雅靈光一閃，她的臉龐亮了起來。我本可以直接告訴她答案，但客戶自己意識到線索，這個答案才會更有力量。我接著跟安雅介紹「神經語言學」（Neurolinguistic Programming，簡稱NLP）的原則，即「地圖並非疆域」（The map is not the territory.）。

NLP是一種心理學框架，可用來檢視大腦（神經）、語言（語言學的）和行為（程式化）如何相互作用。[4] 這個方法很實用，可以改變思維方式，包括看待過往經歷以及對人生的看法。這套方法有助於教練和客戶相互激盪，正如安雅的案例。

根據NLP，我們所做出的反應，都不是針對現實，而是根據心靈地圖上的路線、人和事件。比方說，網路地圖上有一個湖，但你到現場才發現沒有。同樣，我們對人生的信念就像那張不正確的地圖。當初我以為瓦萊麗拒絕我，因此妄加評斷自己的價值。

透過「劃十字」這個練習，安雅才能用另一個角度去看分手的意義；她因此變得更樂觀、更少自責。

因此，我常對學員們說，提升自尊的第一步驟：停止用別人的錯誤來責怪你自己。

幾個月後我再次聯絡安雅時，她已交了新男友。她說，她還同樣的練習來修正自己愛吃醋的念頭。她留著當初我給她的那張便利貼，當作保持隨時覺察力的象徵。

每次她感到嫉妒、受傷、生氣、想要過度反應前，她都會讓自己先冷靜下來，問自己這個問題。這就是人生教練的功用：觸動客戶的想法，令它產生漣漪效應，進而改善客戶其他的生活層面。很快，他就會向世界送出正向的能量。

有些人在學校或職場被霸凌，被父母、同事或伴侶虐待，便會變得自卑。而且他們深信，自己就是問題所在。在成長過程中，家人在各個方面都傷害了我，包括身體和情感。孩子不會責怪父母或親戚，只會責怪自己，就像我對瓦萊麗的猜測、安雅對她前男友的態度。因此，提高自尊的祕訣就是，停止用別人的虐待行為來責怪自己。

無限上綱VS就事論事

我以前當程式設計師的時候，被同事和主管欺凌過。而且，我開始用他們對待我的方式責怪自己：「這是我的錯——我一定是討人厭或工作做不好。」但回頭想想，霸凌者就是因為自卑、沒有自信，才會藉由貶低他人來讓自我感覺良好。

因此，問題不是出在你的身上，而是病態的環境創造了有毒的文化。很多人的心理和精神都有毛病。心理治療師維吉尼亞・薩提爾（Virginia Satir）啟發了NLP和家族治療的發展，她研究了一萬多個家庭，她估計，光是在美國就有百分之九十六的家庭機能不全。[5]也就是說，家人有不健康的行為，像是虐待、物質成癮或依賴共生。

話說回來，英國人如此壓抑、自嘲、憤世嫉俗又愛酗酒，就是因為童年時不快樂，顯然不健全的家庭也很多。[6]根據專家說法，社會中有近三分之一的人可被歸類為「暴飲者」！[7]

機能不全的家庭會造就機能不全的人；因此，別人虐待你的時候，千萬不要責怪自己。印度心靈導師克里希那穆提說：「在病態社會裡還能游刃有餘的人，算不上真的健康。」如今這個文明社會，也曾在某些時代做出不文明的共識，包括販賣奴隸、不允許女性有選舉權。在羅馬時代，人們還喜看犯人被獅子活活咬死。

由此可知，人類社會是如此病態。現今可接受的事物，或許過了一百年後，我們才會發現它們有多難堪。當我們被虐待、辱罵或嘲笑，或是沒被選中擔任某項工作時，就會責怪自己。

在正向心理學中，有個概念稱為「解釋風格」(Explanatory style)，也就是你對事情的理解角度。以我和安雅為例，我們都是悲觀的人，事情老是往心裡去，把自己當成問題的根源。樂觀的人比較能客觀地看待問題，也就是找出外部的成因。心理學家塞里格曼(Martin Seligman)表示，把失敗歸咎於客觀因素的人，情緒會比較穩定。相反地，老是將錯誤歸咎在自己的身上，就會造成自尊低下、憂鬱、免疫力差等問題。[89] 若我們有機會一一檢查自己的情感包袱和創傷，就知道當中有許多錯誤的認知！

我的一些客戶也是如此。他們把不快的往事變成負面想法和能量，遇到了不好的事情還怪自己，但這種心態對事情沒有幫助。因此，心理學家證實，悲觀的解釋風格有損身心健康。想要樂觀地看待人生，就要多提醒自己，不管你多努力，壞事總會發生，而人生不是我們所能控制的。

無意識地對自己有各種偏見，就會造成低自尊。我們老是不自覺地用最糟糕的方式解釋問題，也就是認定自己不好、有缺陷。低自尊的循環如下：

- 「我有問題。」（負面事件產生的第一個有毒信念）
- 「這個結果是我的錯。」（因為有毒的信念而無意識地產生偏見）
- 「我有問題。」（強化有毒信念）

因此，如果我們不改變解釋風格，負面事件就會強化有毒且無益的信念。因此，當我們覺得自己不夠好，就要多多問自己「我如何形塑對自己的看法」以及「有哪些因素與我無關」。也就是說，你得變得不那麼以自我為中心。你必須認知到，並非所有負面因素都與你有關，不用凡事一肩扛。

低自尊的人遇到負面事件後會將其後果「無限上綱」。換言之，他們只要遇到不順心的事，就會開始評斷自己的事業、人生和身分：「看吧！我的工作、感情生活就是這麼糟糕。這件鳥事證明了我就是有缺陷的人！」另一方面，高自尊的人就事論事，不會小題大作。舉個例子，低自尊的業務被客戶拒絕後，馬上就陷入低潮：「看吧，我是個無能的業務，也是很糟糕的老公，我根本就是個廢物。」高自尊的業務會這麼想：「真失望，這個客戶不好搞，下次再努力。」就算遇到一連串的拒絕，他們也不會責怪自己，而是進一步研究市場的整體狀況或自己銷售的產品是否有問題。

正面事件會強化低自尊

有些人遇到好事反而會更加沒自信：

- 「我有問題。」（無意識產生的負面偏見）
- 「我會成功是因為我很幸運，都是因為我遇到好人跟好事。」（有毒的信念）
- 「因此，我還是不夠好。」（強化對自己的偏見）

這個循環也就是所謂的「冒名頂替症候群」（Imposter Syndrome）[10]。心理學博士凱特．布里頓（Kate Brierton）對我評價很高，還聘請我擔任她的人生教練，並表示「這是我做過最好的決定。」但我對自己的負面偏見又自然升起：「她不是認真的，只是想鼓勵我而已！」事實上，每當有客戶讚美我時，我都對自己說了貶抑的話。

對於正面事件，你反而會用與負面事件相反的方式回應：問問你自己，「我做了什麼來促成這種正面結果？」如果答案是「什麼都沒有」或「我只是運氣好」，那麼你很有可能受到非黑即白思維模式的影響——一種「認知扭曲」。當杏仁核（大腦的安全中心）讓我們進入戰鬥、逃跑、僵住或順從的反應時，就會發生這種狀況。這個過程讓我們和前額葉皮質（我們大腦的理性部分）斷聯，因此做出的行為是非理性的，甚至是愚蠢的，我們最終可能會做出一些即將感到後悔的事（一旦「思考大腦」重新發揮作用）。

這是一種有用的生存機制，因為如果有老虎或蒙面歹徒突然闖進房間，你的大腦需要極快速地當下做出決定來挽救你的生命。但在大多數情況下，這是一種不恰當、不理智或無益的反應。打破認知扭曲的一種方式是，準確地意識到你正受到非理性的想法所控制。另一種方式是讓自己平靜下來，可以藉由深呼吸和放鬆引導來做到這一點（還有自我催眠——第七章會有更多說明）。當我們情緒激動時，簡而言之就是，我們會變得更愚蠢。所以，有時候要靜下心來想清楚。

健康的自尊是平衡的

對於大多數心態健康的成年人來說，生活的要點在於找到平衡。

NLP的另一個前提是「責任創造能力」，也就是說主動且有意願改變生活和心態，才不會產生「習得性無助」。假如你深信自己的任何嘗試都將徒勞無功，就會被困在原地。

但是，在安雅的案例中我們看到，凡事都歸咎於自己，會讓人失去力量，並深信自己是受害者。不少依賴共生者想要幫助有酒癮或毒癮的家人，卻被對方拖下水，因此活得很痛苦。他們為別人的行為承擔了過多責任。被霸凌的倖存者也會覺得，這一切都是自己的錯、都是自己不好。

相對，完全推卸責任也不好，尤其是自大又自戀的人，把事情都推到別人身上，並相信自己沒有能力改變生活。由此可知，過猶不及，保持平衡非常重要。

被拒絕總有主觀上的因素

我以前的編輯凱拉維（Julia Kellaway）說過：「別以為你寫得不好，有些出版商或經紀人太主觀了，所以看不到作家的潛力。」請記得：

- 就算沒人為你著迷，你還是有自己的吸引力。
- 就算沒人喜歡你的作品，你還是有特殊的才華。
- 就算沒人青睞，你還是有自己的優點。

當年迪卡唱片公司（Decca Records）對披頭四的評語是：「他們的嗓音不討喜，在演藝圈不會有前途。」後來大家也都知道，披頭四成為流行音樂史上最暢銷的樂團。

同樣，某人不喜歡你，或者認為你不適合這份工作，是他的主觀意見，也不代表其他人的意見。有一些演員我朋友覺得很棒，但我不以為然。正如我喜歡美乃滋，但有些人覺得那很噁心。

很多事情都是主觀的。以資格考為例，口試委員認為你已充分理解特定主題，你才能拿到學位。學術論文也是；只有經過同儕審查，被認定在科學上合理且正確，才可以發表。同樣，法官和陪審團都想要秉持理性及邏輯，但在審視論據和證據時，仍存在主觀因素。所以高層級的法院有時會推翻低層級法院的判決。

總之，人類是主觀和情緒化的生物。因此，用來衡量他人的「客觀方法」總有漏洞，總會受到主觀因素的影響。記住這一點，就不會過度責怪自己。

針對同一件事，不同的解釋會改變你的身分故事，進而影響你的自尊。接下來，我們會探討完美主義的作用力。

課間練習↓挑戰自己對過往經歷的看法

看這個符號「X」，你想到的第一個意義是什麼？接著再想想有沒有其他意義。以某個生活事件為例，你認為自己在其中扮演什麼角色：好人、壞人、被排擠的人？接著再想想有沒有其他的解釋方式，包括換位思考。練習後，看看你的身分故事有什麼變化。

完美主義是一種自我壓迫

一個寒冷的冬日夜晚，我躺在地板上，哭著打電話給母親。首先，我的財務狀況有些困難，那個月我的教練收入突然大幅下降；某位親戚還拖欠應該還我的款項。

此外，我當時在交友軟體上認識了一個可愛的女生蘇西。她非常有魅力，聰明、有氣質又風趣。我們第一次通電話就講了四十五分鐘。看來情況很樂觀，我非常興奮，迫不及待想再次和她說話。

但第二天她傳訊息給我，說不想再和我聯絡了。她表示，我談論的話題都圍繞在自己身上，所以沒有問她任何問題。我吹噓每小時能賺到多少錢，以及我在交友軟體上行情有多好。被她一提醒，我才發現自己是個白痴，真糗！

我懇求蘇西再給我一次機會。我解釋說，因為她太美了，所以我不得不炫耀自己的優點，以證明自己有資格和她約會。對於我的坦誠，她表示感謝，說她會再好好考慮一下。最後她仍然決定放棄，不想再和我有任何交集，並祝我往後約會更順利。

我感到非常沮喪。這十三年來，我努力追求個人成長，投入許多心力在心理治療、教練課程、戒癮計畫等領域。我讀了這麼多書，但還是搞砸了。我對自己非常生氣。

我非常痛苦。身為人生教練，我應該以身作則。我的任務是幫客戶處理他們的感情問題、提升他們的工作效率。但我對自己卻做不到。我在電話裡對媽媽哭訴，說自己沒錢又沒人愛，因此感到自己很失敗，一點價值都沒有。我打電話給另一個也受過創傷的朋友，以尋求精神上的支持。在我們談話時，我想到籃球之神麥可．喬丹。

喬丹是二〇二〇年世界上最富有的運動員。[11]要拿到六次NBA總冠軍，你必須不斷地練習、練習再練習。然而，他坦承自己在職業生涯中投失了九千多次球，輸掉了近三百場比賽。他還說，有二十六次他相信自己會投出致勝的一球，但都沒有投中。[12]

喬丹每天練習數小時，但仍然會犯錯，那麼我也可以原諒自己。我接受過各方面的訓練，也不斷在成長，但我並不完美。這份領悟如一道神聖的閃電：我的挫折感那麼重，是因為我對自己期望太高。

完美主義是一種習得行為，會隨著時間的推移而更加深刻。我們漸漸深信，只要自己完美，就會討人喜歡。小時候犯錯時，我們被暴躁或苛刻的父母和老師指責，於是變得過度自我要求。可惜的是，人不可能十全十美，抱持這種信念，反而會傷害自尊。你生活在脆弱的玻璃泡泡中，只要有個裂痕（某個小批評），現實就會完全崩潰。許多人都力求完美，只要有不完美的表現或犯了錯，就會感到自慚形穢，深信自己沒有價值又無用。

不完美仍有其價值

完美主義是一種二分法，只要有缺點或犯錯，你就會覺得自己沒有價值。想想看，一張二十英鎊的鈔票被丟進洗衣機後，就算變得皺巴巴，但仍然價值二十英鎊。這個道理大家都懂，但我們卻無法類推到自己身上。這就是資本主義的危害，人的生命比鈔票沒還價值。

你犯過的錯誤和人格缺陷絕對有價值。有個人去做感情諮商，他一開頭就對問方：「你結婚了嗎？」諮商師回答說：「我離婚了。」此人隨即問道：「那你有什麼資格給我建議？」諮商師回她：「至少我可以告訴你糟糕的婚姻是什麼樣子。」

你犯的任何錯誤都可以回收再利用，變成有價值的教訓，對你自己或其他人都有幫助。許多企業家都懂得分析昔日在商業上的錯誤和失敗。我從自己的創業經歷中學到兩件事：第一，我無法獨自完成所有的事；第二，學會自我照顧，才能維持長期的成功。

NLP有個原則：「沒有失敗，只有回饋。」在跌倒的過程中，我們才學會走得安穩。然而在犯錯的當下，我們是否批評自己太嚴厲了？

以彈吉他為例。一開始，你會不斷犯錯，彈錯音符、節拍不對，但你會慢慢改正，直到閉著眼睛都能彈出這首曲子。同樣，生活、事業和人際關係也都是在錯誤中不斷發展。

我們會以失敗或挫折來定義自己的價值；然而，失敗也會帶來巨大的成功：

- 愛迪生經過上千次的實驗才成功發明燈泡。
- 在出版《哈利波特》前，J. K. 羅琳被二十多家出版社退稿。
- 製造商在嘗試四十次後，才找出正確的除鏽潤滑劑配方，於是把產品取名為WD-40。
- 歐普拉被電視台解雇後，於是建立了自己的媒體帝國。
- 華特．迪士尼因「沒有原創想法」而被報社解雇。
- 電影導演史蒂芬．史匹柏曾三次被南加大電影藝術學院拒之門外。

遇到挫折，捲土重來就好。我人生中經歷過多次失敗，但現在我在大加那利群島過著美好生活。我是成功的人生教練和作家，還創辦了前景看好的交友軟體。你也可以成為自己故事的主角。創作《納尼亞傳奇》的C S路易斯說：「你不能回到過去改變開頭，但可以從現在開始改變結局。」

每個人都在人生的道路上跌跌撞撞。人生沒有完美的使用說明書。孩子學走路摔倒時，我們會安慰他，並鼓勵他再試一次。同樣，當你犯了錯、表現不夠好時，也不要斥責並羞辱自己。

我們是自己最大的批判者，會用最傷人、最嚴厲的方式對自己說話。在自卑情結中，我們會變成完美主義者或工作狂，不懂得自我照顧；對自己有耐心、自我同情才是有益的態度。

想想看，親愛的好朋友以及慈愛的父母都會如何對待你。你應該那樣對待自己。我們都會用親切的口氣跟朋友或小孩交談，卻不會那樣對待自己。所以，是時候放棄追求完美了；凡事盡力而為，但犯錯時要原諒自己。

課間練習↓挑戰完美主義

- 連續一周穿兩隻不一樣花色的襪子。
- 列出你的缺點，告訴三個家人或朋友，接著問他們是否依然喜歡你。
- 學習新事物，如彈吉他或畫畫，接受自己一開始壞表現。
- 回想一下，哪些不幸的遭遇和錯誤令你有所學習、有所成長，生活和工作更加成功？多點自我寬恕和自我疼惜，看看生活有怎麼的改善？

人比人，氣死人

比較是自卑的根源。所以，比較前請確認你的基準是公平的。例如，許多人去健身房，難免會暗自與他人比較身材，然而有些人比你強壯，是因為他們已經健身多年，甚至是專業的運動員。

我們常常忘記，自己的比較基準並不公平。鄰居家裡的裝潢和車子看來比你好，但其實對方的工作壓力比你大、家計負擔也更重（或是富二代）。因此，要常常提醒自己：

- 這個比較的基準公平嗎？
- 我才剛起步，對方早就起跑了。
- 那是他人的外在條件，跟我自己的內在狀況無關。

我發現，自己會嫉妒他人，是因為內心懷抱的愛太少。許多事都有美好的一面，你可以喜歡聯合公園，也可以喜歡披頭四。心理學家法蘭可（Viktor Frankl）的《活出意義來》帶給我許多啟發，精神科醫師史考特・派克（M. Scott Peck）的《心靈地圖》也令我愛不釋手。這些作品各有特色，也都對我產生了深遠的影響。每個人都有獨特的一面。

事實上，嫉妒是因為害怕自己比不上別人，而它的反面是知足：

- 你已得到足夠的時間、愛和關注。
- 這世界大到能容納你和其他人。
- 你已經夠好了。

我們已提到提升自尊和自我認同的比喻和方法。排除不公平的比較基準，我們對自己感覺才會更好，也更能正直和無私地為他人付出。

做好事不是為了自我感覺良好

《自尊的六大支柱》（*The Six Pillars of Esteem*）的作者為納撒尼爾．布蘭登（Nath-aniel Branden）。他認為，自尊的關鍵支柱是正直，凡事都以誠相對，特別是沒有人在看的時候。獨自一人時，內心深處都知道自己的劣行，它可能非常微小，像是隨地吐痰；也可能是更嚴重的事，像是偷竊、欺詐等。做出不正直的行為，內疚和羞愧感就會萌生，並削弱我們的自尊、助長壞習慣。

因此，你所做的行為（即使沒有其他人看到）會形塑你對自己的看法。只要保持誠實，就能鞏固你的自尊。說實話難免會有負面效應，但良心會更加清澈。做了誠實的舉動後，記得小小表揚自己，但前提是不會傷害他人。否則你又會更加內疚。

多做正確的事，避免自私又不誠實，才能提升對自己的評價。不過，自我照顧並非自私。遇到亂流時，你必須先要戴好自己的氧氣面罩，才能幫助身邊的人。

另一種建立自尊的方式為從事無私的奉獻和善舉。二〇一一年，心理學家珍妮佛‧克羅克（Jennifer Crocker）研究發現，無私付出的行為可以提升自尊。[13]因此，多問問自己「我在為誰服務」，如果「自我服務」（self-serving）的比例太高，心情就容易變得憂鬱。另外，克羅克提醒大家，基於對的理由、為了事件本身所做出的善舉，才能真正提升自尊。若只是為了追求高自尊和自我感覺良好而行善，那效果就會大打折扣。為他人服務，就能讓自己的生活獲得更多意義和目的。

確立堅實的核心認同

「我如何形塑對自己的看法」，這個問題的關鍵在於自己的核心認同。我們可以用工作、成就或人際關係來定義自己，但這些基礎很脆弱，風險又高。所以我們應該從其他地方尋找自我的定義；正如好朋友喜歡你是因為個性。此外，我們終有一天會變老、滿臉皺紋、腰圍變粗，所以不要以漂亮的外表和身材來作為自尊的核心基礎。

有些人身材普普，但自信爆棚；同樣，有些人身材壯碩，內心卻沒有安全感。由此可知，自尊和自信不一定取決於令人滿意的外在條件。當然，身材勻稱是好事，但它終究不是決定自我價值的關鍵因素。

圖一

不穩定的自尊來源（外在）	更穩定的自尊來源（內在）
工作職稱	核心身分
財富	身分故事
名聲	如何看待自己的不完美
伴侶	如何解釋負面或正面事件
好看的外表	核心信念
體形	正直和善行
身材	有意識地覺察自己的平較心

我們也會從過往經歷來形塑對自己的看法，只是我們對往事的理解也會出問題。過度悲觀，把錯誤都歸到自己身上，都會造成低自尊。

圖二

低自尊	高自尊
用負面事件來責怪自己，承擔不必要的責任。	為負面事件尋找客觀的解釋。
把正面事件歸因偶然的因素，例如運氣或好人。	將正面事件歸因於自己的努力，並看到自己的影響力。
無限上綱；把單一的挫敗當成全盤皆輸。	就事論事；某項挫敗只限於該領域，不會影響到整個人生。

我們在本章前面提到，改變對往事的理解，就會改變人生故事，進而轉化你的身分認同並提高自尊。重新審視你對往事的理解，尤其是你是否受到病態者或虐待狂的控制（這些人的心態都不是很健全）。只要發現不正確的信念，就要勇敢地放下它。

過度追求完美、偽裝自己的身分認同，都是非常危險的遊戲。人非聖賢、孰能無過。我們在成功的創業者身上看到，失敗的經歷能帶來財富；你的缺點也會成為成長的動力。記住，「沒有失敗，只有回饋」。

除了身分認同、對往事的理解以及心理健康外，人類與生俱來的生理需求也非常重要。我們將在下一章探討。

課後練習↓關於自尊的深度問題

- 挑出讓你難堪、感覺羞恥的事件，問問自己，能否從客觀的角度重新審視它？當中是否牽涉到他人的因素？
- 我如何用金錢、地位和成就來彌補自尊的不足？
- 我今天能為別人做一件什麼好事？

2

我是否缺乏任何基礎需求？

發脾氣和權力鬥爭
都源自於未滿足的需求。

|

《非暴力溝通》作者，馬歇爾．羅森伯格（Marshall Rosenberg）

從前，花園裡有一株植物。慢慢地，它停止生長並開始枯萎。碰巧有個人本主義派的諮商師路過，植物大聲求助。於是，諮商師聽它談論各種問題，直到太陽下山。植物很高興有人傾聽，但心情還是很糟。

第二天，有位認知行為治療師經過，植物再次大聲求助，於是治療師與它進行邏輯推理，並找出它內心的負面思維模式。植物轉化了一些觀念，但它仍舊沒有好轉。

隔天，有位心理分析師路過，於是他們開始剖析植物的童年，包括它身為幼苗時的感覺。但是，植物仍然沒有回春，事實上，它的感覺更糟了，因為它沒有慈愛的植物媽媽或爸爸，而且童年的記憶非常不快。

這三位治療師被難倒了，於是他們請來了身心科醫生，並開了強效藥物。植物的情況有所好轉，但沒有欣欣向榮，而且藥物開始產生一些可怕的副作用。然後，一名園丁碰巧路過，看到這株可憐的植物：它乾枯又處在陰暗處。因此，園丁澆了一點水，並將它安置到陽光下。沒過多久，這株植物感覺好多了，又開始茁壯生長。這株植物苦撐了這麼久，完全忘記了自己的基本需求。

不管用哪種療法，只要沒有健康的環境、基本的需求沒有被滿足（水和陽光），植物就會枯萎死亡。人類也是如此。我們有與生俱來的生理和情感需求，如果沒有得到充分的滿足，內心就會生病。[1]因此，有時情緒低落、壓力大、焦慮或生氣，是因為基本需求沒有得到滿足。意識到這一點，你就會明智地找尋像我這樣的治療師或人生教練。一開始，我會以周全的心理測驗來確定客戶的性格及核心的潛意識動機，接著進行情感需求審查（Emotional Needs Audit，取材自「人類天賦療法」〔Human Givens Therapy〕）。[2]我很快就能看出來，客戶會何如此痛苦。

人類天賦療法背後有一套強大的理論，[3]我自己也有加以補充。廣義地說，每個人都有生理、社會、內在和精神上的需求，為了身心健康，一定要設法滿足。

生理需求

為了生存，我們必須滿足各種生理需求：睡眠、營養、運動和人身安全。雖然是常識，但大家不見得能做到。現代人的生活被工作和人際關係佔滿，睡眠和運動的時間銳減，工作環境有毒又令人感到孤立無援。我們每天用垃圾食物果腹，住在治安堪慮的社區；跟家人和伴侶的關係又很淡薄。這一切都在破壞我們的身心健康。

這些問題很明顯，但很少人願意面對，至到健康出問題才開始找病源。

睡得好，日常才有好表現

認知和身體狀態要好，睡眠絕對重要。NBA球員雷霸龍・詹姆斯和網球運動員費德勒平均每晚要睡十二小時。牙買加短跑選手「閃電博特」的睡眠時間約為十小時。[45]睡眠是致勝的法寶，想要成功，就要睡好睡滿。

睡眠不足，思考和判斷力便會下降，認知功能等同於喝醉酒的人，各方面的表現自然不佳。[6]我們工作時像運動員一樣，對自己要求很高，為了趕上最後期限而全力以赴。但專業的運動員非常重視睡眠。我指導過許多企業家和新創公司老闆。我總是先問他們：「你公司最有價值的資產是什麼？」百分之九十九都會回答「客戶、設備、網站、產品……」。「不，」我告訴他們：「最有價值的資產就是你。你的經營能力不好，公司生意就不好。」這些大老闆都同意我的看法。

睡眠是身心健康（以及生產效率）的關鍵。做夢時，我們處於「快速動眼期」

（REM），神經系統會「重置」。心理學家喬・格里芬（Joe Griffin）發現，我們在清醒時積累、沒有表達出來的「情緒激發」（emotional arousal），都會在做夢時釋放出來。[7]受到某人的外表所吸引、被突如其來的聲響嚇了一跳，都會激發情緒、觸動自主神經系統去做出回應，但很多時候我們會壓抑下來。面對有好感的人，我們只會默默欣賞；聽到刺耳的喇叭聲，也不會回頭多看一眼。儘管如此，我們還是需要釋放這些情緒，否則身體會保持在準備行動的狀態，變得有點緊張。

透過做夢來釋放情緒，就像是大腦在做系統清理。在深層睡眠中，身體會自我修復，平衡神經化學物質，清除大腦廢物並修復細胞。我們醒來時，會感到更有活力、更有動力，情緒也更加平衡。沒睡好或根本睡不著，就會變得暴躁、昏昏欲睡、行動緩慢。不僅如此，我們還會變得貪吃。睡眠會影響飢餓素和瘦體素的濃度，而它們負責控制我們的食欲。因此，只要你睡不飽，身體便渴望從糖分中獲取立即的能量，因此就會想吃更多食物，尤其是高度加工的碳水化合物，如微波義大利麵、披薩、洋芋片、甜點和零食。你也會變得更情緒化、更焦慮，因為你的神經系統沒有機會待機修整。

因此，想改善生活品質、工作表現，想保持身材和健康狀況，最佳的方法就是獲得優質睡眠。當年創業時，我所犯下的最大錯誤便是以為：「犧牲睡眠，就可以完成更多工作，效率及成果會越來越好。」結果，我沒有發揮全部的能力，就像汽車在燃料不足的情況下運行。遺憾的是，有毒的奮鬥文化盛行，人們為了追求成功而犧牲睡眠，日以繼夜地打拚。《工作到死》（*Working Ourselves to Death: The High Cost of Workaholis*）作者黛安．法塞爾（Diane Fassel）是一位管理顧問，她研究發現。自虐式的工作態度只會帶來壓力、倦怠和疾病，最終只好休假或離職。從長遠來看，對自己或公司都沒有任何好處。

想改善睡眠品質，以下有一些建議：

- 中午過後避免攝取咖啡因（它的半衰期為六個小時，因此十二個小時後血液中仍有百分之二十五的咖啡因含量）。
- 每天運動（即使只是散個步）。
- 睡前聆聽放鬆的音樂（如環境音樂或爵士樂）。
- 睡前避免玩電玩遊戲或觀看刺激的電視節目。
- 臥房保持涼爽及幽靜（必要時可使用耳塞）。

- 白天的煩惱當下解決，採取積極正面的行動。
- 不要在臨睡前做運動。
- 用引導式放鬆、冥想、催眠或祈禱來入睡。

最重要的是，想改善情緒、增進幸福感和健康，請不要剝奪寶貴的睡眠時間。減輕生活上不必要的負擔，才有時間休息，進而發揮潛能，健康才不會出問題。

吃得營養

均衡飲食對於體重管理和身體健康很重要，也會影響心理健康。在一九九〇年代，我的一位醫生朋友主張，腸道健康和飲食會影響心理健康，結果被同事嘲笑。但現在她獲得了平反。研究人員和醫生如今都在提倡，均衡飲食可以改善心理健康。一項研究發現，富含魚油的地中海式飲食，可以減輕憂鬱症狀。受試者在六個月內平均攝取了蔬菜、水果、豆類、堅果、穀物、魚和橄欖油（不飽和脂肪），身心狀況均有所改善。[8]

二〇一一年，紐西蘭基督城發生地震，許多人身心受創，研究人員發現，讓他們定時服用綜合維生素補給品，心理症狀有明顯改善，負面情緒較少、活力也恢復了。[9]哈佛醫學院精神醫學教授大衛・米舒倫（David Mischoulon）表示，雖然omega-3脂肪酸的功效和安全性需要更多研究支持，但這種自然療法的確有助於改善情緒。[10]

地中海飲食有益於心理健康，它們可以增加胺基酸中的色胺酸，後者會促成維生素B3（菸鹼酸）的合成。維生素B3至關重要，它會產生神經遞質血清素（讓我們感覺幸福和快樂）以及褪黑激素（讓我們在適當的時間想睡覺）。色胺酸含量高的食物包括雞肉、雞蛋、起司、魚、花生、南瓜籽、芝麻籽、牛奶、火雞肉、豆腐和大豆。請注意，為了將色胺酸轉化為菸鹼酸，身體還需要以下物質：

- 鐵：菠菜、花椰菜、豆腐、紅腰豆、毛豆、鷹嘴豆、堅果、乾果、紅肉和魚肉。
- 維生素B6：花生、大豆、燕麥、香蕉、牛奶、豬肉、雞肉。
- 維生素B2（也稱為核黃素）：牛奶、雞蛋、蘑菇、原味優格、杏仁、酪梨、菠菜、板豆腐、牛肉、鮭魚。

攝取大量的精緻糖分沒有什麼好處，因為它會左右你的血糖值；攝取太多，你會過度興奮和急躁；消退後，你會情緒低落、易怒和焦慮。[11] 咖啡因也會影響你的神經，因為它會增加皮質醇和腎上腺素，讓你感到興奮不已。每天一杯咖啡或茶是可接受的，但不要過量，過午後不要攝取咖啡因，因為它的半衰期為六小時。

別忘了還有酒精——小酌尚可，喝多了會讓人宿醉。戒酒很難，因為一開始你會非常焦慮。酒精會減緩神經系統運作的速度，所以你一時會感到很放鬆，但沒多久就會回到正常狀態。在酒精的作用下，你放下顧慮、不再壓抑自己，所以會做出讓自己後悔的事，比如酒駕或傷人。等你醒來後，內心就得背負長期的罪惡感。我的客戶蘇菲是個勤奮的公務員。有天她聚餐時幾杯黃湯下肚，就跟同事起了激烈的口角，還咒罵和吼叫對方。接著，第二天，內疚、羞愧、後悔以及宿醉隨之而來。

我有時會整晚飲酒狂歡，還吃進大量的垃圾食物。隔天醒來後，我都會後悔攝取了這麼多卡路里，而且精神萎靡不振。垃圾食物吃太多、蔬菜吃太少、咖啡喝太濃，就別指望身心能保持在良好狀態了。不良飲食與各種疾病有關，像是心臟病、高血壓、糖尿病、癌症等等。我們總是把健康視為理所當然的事，直到有一天失去了它。

最後提醒一點，千萬不要忘記攝取充足的水分。研究顯示，僅是百分之二的脫水就會損害認知功能和心理表現（也就是推理、記憶力、注意力等）。[12]研究人員還發現，喝白開水可以降低憂鬱和焦慮的風險。[13]

總而言之，多吃蔬菜、攝取足夠的蛋白質，咖啡因、精製糖類和酒精盡量不碰，並記得多喝水。比起精緻澱粉，複合式碳水化合物（全麥麵包、馬鈴薯、地瓜）能供應我們所需的能量，又不會令人上癮。記住，健康有問題的話，請先徵詢醫生的飲食建議。有些人難以堅持健康有意識的飲食習慣，那就可能是對某些食物有癮頭。

鍛練身體

運動有很多好處，不僅可以降低膽固醇，還可以緩解壓力、改善睡眠和情緒。運動跟抗憂鬱藥一樣有效。[14][15]情緒低落時，不妨快走、跑步或上健身房，但最好不要整天躺在床上。與其告訴自己「我沒時間運動」，不如提醒自己「我應該考慮自己的心理和身體健康」。然後問問自己，賺錢、滿足他人的期待真的比健康重要嗎？我們都說找不到時間，但其實是不願做好時間管理。只要懂得安排行程的優先順序就好。

舉例來說，你可以設定每天固定的運動時間，無論是在傍晚或清晨。跑步、舉重、游泳、網球、瑜珈、皮拉提斯，想做什麼就做什麼。就算是不擅長的運動，只要動起來就好。我以前的人生教練八十多歲了，現在仍會定期去健身房和打網球！運動能讓我們學著自我疼惜（Self-Compassion），更懂得照顧自己。記住，有做總比沒有好，沒精神、疲勞或失眠時，不妨試著到戶外散散步，即使只是十分鐘也好。

走出戶外，吸收維生素D

日光有助於調節生理時鐘，我們在白天時會更清醒，在晚上時更倦睏。光對於褪黑激素的分泌很重要。當我們暴露在光線下，尤其是明亮的光線下，它會抑制褪黑激素，讓我們感到清醒和警覺。研究人員證實，陽光可促進血清素的分泌，讓我們感覺更好，甚至能戰勝憂鬱症。[16]比起人工光源，曬陽光更有用，可使憂鬱症狀減少百分之五十。[17]光的亮度以勒克斯（lux）為測量單位，研究人員發現，高強度的光（二千五百勒克斯）有顯著的抗憂鬱效用，而昏暗燈泡（三百勒克斯）的低強度光則無作用。[18]在英國，就算晴朗的日子不多，但陰天也有一千勒克斯，你仍然可以獲得充足的光線、緩解憂鬱心情，進而改善心理健康。在晴朗的日子外出，你會暴露在一萬至十萬勒克斯的光線下（後者為陽光直射）。由此可知，享受陽光假期也是一種處方！

我們可以從陽光獲取維生素D。研究顯示，缺乏維生素D會導致癌症、心臟病、退化性關節炎、骨質疏鬆和佝僂症，還可能導致憂鬱症。[19]在狹小的空間裡待太久，對你的心理狀態不好，還可能導致「幽居病」(cabin fever)。我們的身體天生就不適宜住在儲藏室大小般的房屋。但好消息是，短暫地接觸大自然，就有助於改善認知功能，培養正面的情緒、讓身心復原。待在陽光普照的海灘，無疑能使我平靜下來，所以許多英國人都會湧向西班牙等國家度假。坐在樹下、赤腳走在草地上或在山上健行也有放鬆效果。大自然如此美麗，可以滋潤我們的心靈、身體和精神，因為大多數人都生活在日益醜陋、汙染嚴重、過度擁擠和工業化的大都會中。

有安全疑慮，馬上搬家

生活難免會感到焦慮或緊張，對於住家、居住環境和工作場所，我們都需要有安全感，否則杏仁核就會分泌腎上腺素，讓我們準備戰鬥、逃跑或僵住。住在治安不好的地區，鄰居、室友或家庭成員不友善，就會導致過度警覺，甚至演變成廣泛性焦慮症。這是對異常情況的正常反應，是時候採取行動了。

有些工作令人感到不安全、危險，例如警察、軍人、消防員或醫護工作，他們在下班後，一定要有足夠的時間讓神經系統放鬆、恢復。

讓你感到人身不安全的地方，一定要多加留意，無論是住家、工作環境、社區、健身房或酒吧。換工作、搬家都是可以考慮的選項，盡快去執行，生活才會有所改善。在我的成長過程中，家庭、學校和社區都令我感到不安全。這對我年輕時的心理健康產生了很大影響，後來才得接受長年的治療來補救。

社會需求

人類是社會動物，有些需求只能由其他人來滿足。「自給自足」只是一廂情願的想法。健康是集體促成的，所以我們需要彼此。研究顯示，孤絕和孤獨的人身心健康狀況較差。[20]我們確實需要相互依賴才能生存！從鄰近之人身上，我們能得到許多資源。

關注

人一出生就需要被關注。家長沒有關注孩子的發展，就會導致學習上的困難，甚至出現自卑和憂鬱的情緒，難以建立人際關係和發展社交技能。這需求十足重要，嬰兒缺乏關注和關愛，心裡會很痛苦，甚至會導致生長遲緩的問題，嚴重時會危及生命。[21][22]

因此，孩子「很黏」、很想要引起注意，都是健康及正常的，這是他們的天性。就連成年人也需要被關注，這種需求不會輕易消失。他人的主動關心，會令我們感受到生而為人的價值，讓自己覺得被愛、被傾聽和尊重。大多數人都有這個需求，所以才會在社群媒體上分享自己的生活，這樣的活動多少有益於心理健康，前提是能得到正面的關注，如按讚或鼓勵的留言。所以上網時必須謹慎，不要尋求過度的關注（彌補自卑或其心理問題），更不要依賴它來評斷自我價值。

友誼

每個人都需要一個感情密切的超級好朋友，他能接受我們所有的樣貌，還能幫助我們保持理智。

什麼是好朋友？無條件地愛我們，不帶批判地傾聽我們的心事，支持並陪伴我們度過痛苦、自我懷疑和自卑的時期。他讓你做自己；你可以與他分享各種感受和生活中的起起落落。人類天賦學院（Human Givens College）的創辦人喬・格里芬和伊凡・提勒爾（Ivan Tyrrell）說，有時我們需要借用他人的大腦來讓自己恢復理智，尤其是被自己的杏仁核劫持時。人生中，我多次感到低落，懷疑自己的價值和能力，也確實需要好朋友的精神喊話和安慰！

問題是，要怎樣才能交到更多的朋友呢？這方面的書籍成山成堆，包括人際關係大師卡內基的經典著作《人性的弱點》。我也有一些簡單的建議：

- 友誼不是找來的，而是創造出來的。
- 跨出舒適圈，認識更多人，才交得到朋友。
- 從閒聊開始，對話內容不要太沉重。認識久了，再慢慢敞開心扉，分享個人的事。
- 參加聚會時，保持開放的心，不要預設它會很無聊，搞不好有令人驚喜之處。
- 真誠的讚美最有效。

- 尋找彼此共同的興趣。
- 問對方問題，表現出對他的興趣，讓他侃侃而談。
- 其他人跟你一樣有社交焦慮，所以手上也拿著酒杯。

親密關係

在親密關係中，我們可以分享自己的想法、感受、記憶以及生活中發生的事情。有些人很常與人閒聊，但無法誠實地透露自己的生活；他們擁有很多朋友，但親密關係卻很少。在大城市中，確實會有這種情況，因為每個人都很忙，全神貫注於自己的生活，追求工作目標和養家糊口。當然，對他人敞開心扉會有風險——特別是如果你以前曾經遭到霸凌、背叛、嘲笑或傷害，或者你偷偷喜歡Comic Sans手寫字體。那麼，或許有些事還是留在心裡就好。

待在堅硬的殼裡會感到更安全，不過這麼一來你也無法活得充實盡興。但不僅如此——你可能有患上精神疾病，因為親密關係是人類的基本需求。最好的辦法就是漸漸地、慢慢地建立起親密關係。有些人可以讓你感到安全地與之親近，有些人則不然。例如：當你發現你與某些人變得更親近時，他們拒絕或嘲笑你，那麼與他們親近可能是不安全的，或者他們根本就不適合你，此時最好接受現實並離開。你沒辦法把方椿放入圓洞裡。

發展親密關係需要時間，而且對於很多人來說，過程是很可怕的。但請記住：不容活水不時湧入的湖，是一片死寂的。如果他們不喜歡你，你去結交新朋友就好。

歸屬感

從人類誕生之初，我們就需要成為群體的一員。首先，是出於安全與保障的考量；當我們互相照顧，或其他人可以看照我們時，我們會更加安全。其他人也有助於穩定我們的現實感並提醒我們還活著。我們可以創造「歸屬感」。例如，我有以下會員資格：

- 教練、治療師和心理學家的交流協會。
- 各種治療團體。
- 男性自我成長和自我保護小組。

- 特內里費島的數位遊牧和排球運動員的 WhatsApp 群組。
- 線上教會。

由於各種不同的原因，我隸屬於這些群組。這些不同層次的歸屬感讓我有更堅定的社群意識，探索我生活中的各領域，例如教練工作、靈性和幸福感。這些不同的社群幫我維持生活中的平衡。如果我今天過得特別糟，那至少我有幾個求助的管道。你可以加入一些俱樂部或社團，無論是桌遊、曲棍球還是流浪貓。如果你找不到你的群體，請自己創造一個，看看有誰會出現。

地位感

的確，我們需要不受他人影響的自尊和自信。但與此同時，就像所有其他生物一樣，我們也會受到環境和周遭的影響，無論是在我們的社區、工作場所還是社會團體中。正如作家約翰・多恩（John Donne）所寫的，「沒有人是一座孤島」。我們都需要感覺自己有某種地位。沒有人想要覺得自己是群體中最弱小的，或是一個從未被認真對待的小丑

（悲傷的是，這兩種角色在我的童年和成年初期都曾經歷過）。當然，若你剛好是個已經開悟的高僧，那就應該立刻放下這本書，歸隱山林去也。其實，地位感只是一種基礎需求。

請注意，這裡的措辭是地位「感」，這會受到群體中他人如何對待我們、我們被分配到的角色以及我們的信念和觀點所影響。因此，即使你在特定的社會群體中扮演的角色非常不起眼，但如果你的心態正確，並且受到尊重，仍然可以擁有一種地位感。當然，如果你受到不尊重的對待，那麼你的地位感就會降低。應當注意的是，地位的突然下降可能會造成相當大的創傷和羞辱。因此，努力建立超越地位的核心身分認同和真正的自尊才是睿智的。

隱私

出於種種原因，我們都需要隱私——即使我們不把自己貼上內向的標籤。隱私為我們提供了整合體驗、思考、反思和處理經驗的空間。它讓我們有時間從社交互動中「暫時」，並完全放下警戒。它還為我們提供了親密交談的空間。如果你在居住的地方難以得到隱私，請想一想在哪裡可以取得；在公園裡散步，在你的車裡發呆，或是在儲藏室裡？我們還需要平靜和安靜，才能感覺有隱私。聽到鄰居吵架或是大聲播放音樂，特別是在我們認為私密的地方，會影響我們的隱私感。如果你難以獲得平靜與安靜，請花錢買一副優質的降噪耳機；它可以發揮巨大的功用！

心理需求

除了外在環境和社群方面的需求，我們也有內在的心理需求，即使外在環境不太理想，也要學著滿足和適應。

自尊

生而為人，生來就有其價值。低自尊對生活中的方方面面都有負面影響，例如工作或人際關係。覺得自己沒價值、天生缺陷很多，生活就會沒有動力、容易沮喪，甚至會想不開。令人遺憾的是，不少年輕人就是陷入這種困境。根據美國精神醫學界的統計，來到急診室的青少年和兒童，百分之七十七有自殺念頭，還被霸凌過（此經歷是自殺念頭的關鍵指標）。[23]可以肯定的是，被霸凌者會有自卑傾向。前面談到，對於悲觀的人來說，被虐待後總會得出這樣的結論：「一定是我有問題。」自卑也會導致我們用酒精等物品來自我逃避。

自我控制感

我們都想覺得對自己的生活有控制感，也就是有做決定和選擇的自由。嬰兒也需要這種自主感，被餵食的時候，有時也會把頭轉開。在新冠疫情期間，生活上有各種限制，許多人都失去了自主權和控制權，心理問題也加劇；與生俱來的需求（例如親密關係和社群感）難以滿足，自由和控制權也受限。某位教練教我一個有用的代換說法，讓我得到更多的控制感，那就改用「我選擇……」的句型。例如，與其說「我不得不去工作」，不如改用「我選擇去工作，這樣就有錢買東西，讓日子過得更好」。這樣的思維讓你感覺更有控制力，而不自覺是無助的受害者。如果你不喜歡自己的工作，那就賦予自己權力、改變現狀，像是找新工作或創業。

成就感

我們都希望自己能勝任或擅長某事，少了這個，就會感到不安或無用。一旦被杏仁核劫持，內心太過擔憂，就會得出錯誤的結論「我什麼都不會」。但真是如此嗎？要留意非黑即白的想法，搞不好你有一些優點，比如擅長說笑話、發揮創意、善於傾聽或做事細心。回顧一下，想想看自己過去有什麼成就；不過要小心，別把你對自己評價都寄託在那些外在成果。

玩樂和歡笑

作家查理・霍恩（Charlie Hoehn）在他的著作《玩一玩：工作狂的焦慮解藥》（*Play It Away: A Workaholic's Cure for Anxiety*）中談到，他用盡方法要治癒他的嚴重焦慮：藥物、認知行為療法、瑜珈、冥想，甚至是迷幻藥，但全都沒用。經過反覆試驗，他才終於發現最有效的一招：玩樂。

從玩樂中受益，不僅對霍恩有效，所有人也都需要這帖藥方，否則生活會感到乏味。只要能帶來愉悅，不會傷害自己或其他人活動都好，比如上健身房、打電動、唱歌、繪畫或寫作。投入你真正喜歡的事，而不是為了獲得成就感，畢竟強迫自己就不好玩了。就我個人而言，我喜歡和好朋友一邊視訊聊天一邊看電視節目，我還喜歡電玩《終極動員令：將軍》；寫作也是我的最愛。總之，每天抽出一點時間，享受「你的歡樂時光」。

講笑話也很有效。在納粹集中營的受害者，會互相取笑對方是皮包骨；在新冠疫情期間，我和朋友們會比賽誰待在家裡的時間最長。幽默是韌性。我的祖母承受過許多苦難，她在二戰中長大，有個虐待狂的母親、年輕時經歷過一次精神崩潰、有兩個孩子死去。睿智的她說：「要學會在生活中找笑點。」歡笑是最好的藥，它會釋放腦內啡和血清素，讓我們感到更快樂。研究還指出，愛笑的人會有更多正面的心理及生理體驗。[24]如果你最近都沒有笑，那何不去看些喜劇呢？讓自己樂不可支一下。

財務安全感

除了人身安全，在現代社會中，我們還需要有財務上的安全感，才能購買食衣住行等必需品。出國假期、享受大餐、購買勵志書都需要錢。有些人突然遇上經濟困難會想不開；家人和伴侶也會為了錢而吵架，甚至導致家庭破裂。

帳單、日用品、房貸、社交活動和娛樂，樣樣都需要錢，如果有所匱乏，就會感到焦慮和壓力山大。身為公司負責人，過去十年來，我度過無數次的艱難時刻。創立禮物遊戲後，每月的營收加起來，只能勉強打平，這種情況持續了好幾年。後來我賣掉了所有的東西，搬到劍橋地區，身上只有三千英鎊，只夠支付六個月生活開銷的。我還在朋友家打地鋪睡了好幾個月！

最終我花光了錢，也沒有家人可以依靠。從那時起，我不斷安慰自己：「只要我夠努力，就會獲得安全感。」當基本需求得不到滿足時，我們心理狀況就會出問題，而且很容易有成癮的問題。[25]許多人會沉迷在酒精、食物或工作中，以掩蓋內心的匱乏，像是安全感、歸屬感或親密感。這些需求被忽視後，我們的心理會更加痛苦。

那段日子，我日以繼夜地工作，很少好好睡一覺。慶幸的是，我因此學會了兩項非常重要的財務技能：預留一些錢（以備不時之需），以及管控現金流。此後，我的經濟狀況更穩定，也不再把錢花到一毛不剩，生活上有更多的喘息空間。財務上的不安全感會引發我的工作狂基因！

此外，我還學到了其他方法，例如「挑戰小題大作」。如果你跟我一樣容易焦慮，不妨常問自己「如果我害怕的事情會發生，那我的應變計畫是什麼」，以及「最糟的情況來臨前會有什麼預兆」。在花光錢、無家可歸前，其實還有更多選擇，例如減少不必要的開支，像是酒、垃圾食物、菸或吃大餐。你也可賣掉一些不必要的東西，向可信賴的家人借一些錢，或是在朋友家裡打個地鋪。

因此，除了存進更多的錢，你還有許多方法能鞏固財務上的安全感。

如果你仍然擔驚受怕，那麼問問自己「如何才能滿足這種需求」；減少開支、找到薪水更高的工作、搬到更便宜的房子、花時間進修、培養專長、經營副業……都是好方法。在萬不得已的時候，請諮詢銀行的專業人士，去申請低息信貸，但要確認自己有能力還款，不會造成債務問題。由此可見，你有許多選擇。當我們被杏仁核劫持，就會陷入非黑即白的思維：「我別無選擇！我完蛋了！」這時你可以幽默地對自己說：「愚蠢的杏仁核，別再威脅我了！」

存在需求

最後要談到，人類有一種精神上的需求，除了想理解生命和痛苦的意義，也想對未來保持希望，否則將失去意志和動力。

意義和目的

大多數人都花時間在追求成就和財富。但究竟是為了什麼呢？沒有意義和目的，人生只不過是一場毫無意義又沉重的大富翁遊戲罷了。如果你夠努力和幸運的話，就能掙得名車、名牌包、豪宅。不過，大部分的人只求有穩定的薪水，才能每個月繳房貸、付帳單。最終，所有的棋子放回盒子裡，遊戲結束。

這就是人生，難怪大家活得如此沮喪。研究顯示，英國有百分之二十的人患有焦慮症或憂鬱症，而後者是世上最主要的心理疾病。[26]憂鬱症的關鍵起因是感到人生無意義、沒有價值。[27]意義和目的賦予我們每天起床的動力，設法去實現美好的人生。我們將在第五章和第六章探討如何為生活創造更多意義，以及找到更有趣的工作。

對未來懷抱希望

我們都希望未來能過得更好。如果隧道盡頭的沒有光，我們便會陷入絕望、沮喪和憂鬱中。心理學家維克多・法蘭可被關在納粹集中營的那段日子，不時想著要再次見到妻子，以此度過了困境。他說：「對自己的未來失去信心，必然難逃劫數。喪失了信念，精神防線亦會崩潰。此後你就甘心沉淪，任由身心日趨衰朽。」確實，心理學研究顯示，許多憂鬱症的患者都對人生感到絕望。[28]

尤其是當我們患有慢性疾病或遭遇重大挫折，就更希望未來一片光明、逢凶化吉，令生活更加美好。

憂鬱的人往往很焦慮，雖然看起來無精打采，內心對未來卻很不安，對自己處境或精神狀況不抱持任何希望。根據人類天賦療法，憂鬱症是一種恍惚狀態，就像被催眠時所進入的狀態一樣，患者的視野變狹隘、思想變扭曲，無法看到事物的全貌。因此，治療的第一步驟是先讓客戶放鬆，以排解被壓抑的情緒，好看到「隧道盡頭的光明」。接下來，治療師會透過某些意象來引導客戶（類似冥想或催眠），讓他們想像不同的未來，並採取步驟來實現。

只要讓自己平靜下來，思緒就能回到正軌。因此，若你感到絕望，請做一些呼吸或放鬆的練習法，或聽聽輕鬆的音樂；也打電話給信任的朋友，談談內心的煩憂。接下來，思考一下你還有哪些選擇（一定比你想像的還要多）。正如《聖經》上說：「不要為明天憂慮，因為明天自有明天的憂慮，一天的難處一天當就夠了。」

我自己也經歷過憂鬱和上癮症狀發作。二〇二〇年，在平安夜前夕，我打開交友軟體，看看有沒有約會的邀約。果不其然，沒有新的配對通知、沒有人留下訊息。我開始擔心，是不是自介寫得不好、或是放上去的照片不好看，才會讓女生興致缺缺。[29]

我嘆了口氣，內心渴望有女伴來陪我。一開始，我還能改變想法、控制情緒，不要陷入自責中，避免自尊徹底崩潰。但沒過多久，我就開始感到悲傷和無助，不自覺地哭了起來。自從跟女友分手後，我的感情已經三年多一片空白了。

我內心如孩童般地哭喊：「我絕對不可能交到女友。我一定會孤單到老。」[30]我必須快速找到平衡點，否則就會用暴飲暴食來填補內心的不滿。首先，我想起《聖經》所說的「施比受更有福」。於是，我去找飯店裡的無名英雄，包括廚師、清潔人員和接待人員，主動給他們小費。看到他們開心，我也感到非常快樂，心裡就平衡多了！我跟他們聊天（滿足我的人際關係需求），並看著大廳裡一輛玩具火車在原地兜圈（滿足我玩樂的需求）。我冷靜下來後，便從憂鬱和恍惚狀態中清醒過來，告訴自己「把煩惱留在今天就好」。那天我陷入悲觀、小題大作的情緒中，都只是因為沒有收到約會訊息。愚蠢的杏仁核！

行動才是答案

滿足與生俱來的需求，就能保持身心健康，過著愉快和充實的生活。經常問自己：「我是否缺乏任何基礎需求」、「如何才能得到滿足」，並採取積極主動的作為。有時候，主動採取行動，腦袋才能轉入正確的思維，心理狀態才會有所改變。光是用不同的方式思考，有時反而會阻礙行動。如果你遲遲很難下決定或是社交方面有困難（社交恐懼症或焦慮症），那麼可以求助於專業的教練或治療師。

若你感到情緒低落、空虛，或許就要問問自己，最近是否缺乏運動、沒有跟朋友聯繫，或很少玩樂、享受開懷大笑的感覺。又或者你找不到超越性的目標，生活缺乏意義，對未來不抱持希望。若是少了這些元素，我們就會失去動力，終日悶悶不樂！

在下一章，我們將探討，這些未滿足的需求會釀成哪些壞習慣。

課後練習→滿足基本需求

以下是我們與生俱來的需求，請依序為自己打分數（滿分十分）：

- 優質睡眠：你是否在早上感到神清氣爽、活力充沛，還是依靠咖啡因或糖分來提神？
- 營養：你的飲食是否均衡？是否攝取太多精緻糖、酒精和咖啡因？
- 運動：你每週是否至少運動三次？
- 戶外活動：你是否獲得足夠的陽光和新鮮空氣？
- 自尊：你覺得自己是否有價值、是否有迷人之處？
- 人身安全：住家、鄰居和工作環境是否安全？
- 經濟：你的收入是否穩定，能支付每月開銷？
- 關注：朋友、家人是否常關心你，為你補充情感上的養分？
- 自主感：你對自己的人生是否有掌控感？

- 社群感：是否有團體的歸屬感？
- 友誼和親密關係：至少有一個人完全接受你真實的樣子。
- 隱私：有空間能反思和沉澱。
- 社會群體中的地位感。
- 勝任感和成就感。
- 玩樂：享受樂趣和歡笑，有娛樂和休閒的時間。
- 意義和目的：明確的人生目的或使命；做有意義的工作，接受挑戰。
- 對未來的希望：期待好事到來，現狀不會永久不變。

現在問問自己：

- 可以做些什麼來提高低分的項目？
- 將採取哪些微小的步驟來滿足這些需求？

3

我是否在逃避什麼？

陰暗的念頭來訪，
羞恥、惡意在門前大笑相迎，
邀請它們進來。

｜

蘇非派詩人，魯米

有個人喜歡穿越繁忙的馬路，這讓他腎上腺素飆升！他非常喜歡這種感覺，還持續跑了好幾年。隨著時間的推移，他開始被車撞傷，造成身上的擦傷和瘀青。儘管如此，他還是想回到繁忙的馬路上。「我能搞定，只要再小心一點就好。」他對自己說。但他依然遍體鱗傷。有一天，有輛車把他撞倒了。幸運的是，車速沒有很快，他只被撞斷了一隻手。他的手臂上綁著吊帶，還是不想放棄這個行為。

「那感覺真好！」再一次，他告訴自己：「我會更小心。」儘管如此，他又再次被撞了，但這一次他就沒那麼幸運了。有輛汽車疾馳而來，猛力的撞擊讓他飛向空中。結果，他斷了好幾根骨頭，腰部以下癱瘓。現在他需要坐輪椅，也不能做原來的工作了。朋友厭倦了他的古怪舉止，於是離他而去。但是，他依然相信，往後更小心一點，還是可以繼續穿越繁忙的馬路。家人懇求他停止，但是他不肯。他決定坐著輪椅穿越繁忙的馬路，再找一次刺激。遺憾的是，輪椅的速度不夠快，無法避開突然冒出來的六噸重大卡車。而這就是那個人的結局。

所謂的壞習慣，就是種成癮的行為。通常，一說到上癮，就會讓人想到毒蟲或是流落街頭的酒鬼。但簡單來說，成癮就是重複的行為，雖然能令人感到暫時的解脫，但會帶來負面後果。就像我們體重不斷增加，卻仍沉迷於垃圾食物。無法貫徹均衡飲食的計畫，也會令人更加內疚、羞愧。還有不少人是工作狂，因此影響了自己的健康和伴侶關係。

我們說過許多次「下不為例」，卻還是重複同樣的生活模式。事實是，所有人都有某種癮頭。任何能帶給我們快樂的東西，無論是食物、性、愛、電玩、社群媒體、咖啡、運動或工作，都會令人上癮，因為它們能帶來解脫或興奮的感覺，讓我們逃避現實。

成癮行為被發現時，大多為時已晚，當事人得面臨各種危機，包括健康出問題、精神崩潰、伴侶要離開、被公司解雇、犯下罪行或得接受勒戒。這些傷害都是不可逆的。不幸的是，在自尊和驕傲的阻礙下，我們不肯承認自己有問題。既然成癮會帶來快感，能暫時令人放鬆，為什麼要戒掉呢？然而，忽視壞習慣，就像忽視儀表板上的故障警示燈。但總有一天，汽車會失控，剎車會在關鍵時刻失靈。早點解決問題，就可以避免這些情況。

承認自己有問題

除了工作狂之外，我還會暴飲暴食、狂吃垃圾食物。多年來，我的體重和體格因此搖擺不定。我做了很多嘗試，但我的意志力總是令人失望。最終，我承認自己有癮頭後，才有辦法改變情況、減掉一點體重。

吃東西時，基本需求得到滿足，大腦會獎勵我們一些多巴胺，讓我們感覺很好。但是，用食物來逃避孤獨、憤怒或悲傷，就是在濫用這個機制。食物與工作成癮很難察覺，酒精或毒品可以戒掉，但我們需要食物和工作才能生存。這個問題非常嚴重，根據二〇一九年的健康調查，英格蘭有近三分之二的成年人超重（百分之三十六點二）或肥胖（百分之二十八）！[1]這實在很令人擔憂，肥胖會增加罹患糖尿病、高血壓、中風、心血管疾病的風險，[2]並降低對一般疾病的免疫力。[3]

能帶來快樂的東西都會讓人上癮，並導致我們的生活失控。我不肯承認自己有問題，還一直說「我可以控制」、「只要再多注意一點就好」。跌至谷底後，我們才會甘願做出改變。矛盾的是，承認自己無能為力，才能獲得更多力量，並對生活有更多的掌控。

此後，每天我都提醒自己，要避免吃下不健康的食物，以免開啟暴飲暴食的癮頭。

那些食物會讓我狂吃，就像酗酒的人會狂飲。我不再如此安慰自己：「我一定可以克制的，只是一小塊蛋糕！」畢竟對毒品成癮的人也會說：「我只是服用一點藥物。」酗酒的人老是說：「我只是喝一兩罐啤酒！」在下一段的練習中，你可以檢查看看，自己是否有成癮問題。

課間練習↓檢查自己的成癮狀態

想想你的壞習慣和負面行為，並誠實地回答以下問題：

- 這個行為是否給你暫時的解脫、安慰或快感？
- 這個行為是否會帶來負面後果？
- 不管再怎麼努力，你還是無法停止這個行為？
- 這個行為是否曾被親人、朋友或專業人士指正？
- 外人要求你停止這個行為時，你是否感到生氣、有防備心？
- 做這個行為會讓你心情好、有活著的感覺。
- 你不時都想做這個行為。

- 你認為這個行為是壞習慣嗎？
- 你是否非常在意跟這個行為有關的討論？
- 做這個行為的時候，你是否曾感到失控或越界？
- 對此行為，你是否無法找到平衡點，除非完全逃避，否則就會完全放縱？
- 你是否不時在想，只要稍加節制，就可以繼續做這個行為？
- 為了做這個行為，你是否曾說謊或找藉口？
- 你做這個行為的次數愈來愈頻繁，強度愈來愈高，才能得到放鬆或快樂。
- 你老是對自己說「明天就不做了，這是最後一次」，但還是故態萌發。
- 沒有這個行為（和物品）的話，你會覺得人生變黑白的，生活過不下去、難以忍受。
- 為了做這件事，你忽略了自己的睡眠品質、營養均衡和財務穩定，也無法自我照顧或關愛他人。
- 一旦開始做這件事就很難停止。
- 這個行為非常有吸引力，尤其在你感到恐懼、憤怒、孤獨或有壓力時。

・這個行為再怎麼做也不夠。

以上問題若有三個以上符合你的狀況，那這些壞習慣就是成癮了。

損害評估

完成前面的自我評估後，你找到自己的成癮行為，接下來反思以下的問題：

- 你為了這個行為花了多少錢？
- 每週？
- 每月？
- 每年？
- 在過去五年／十年／二十年？
- 你可以用這筆錢做些什麼？

這個行為造成什麼負面影響？

- 健康？
- 心理狀況？
- 事業和工作？
- 家庭？
- 人際關係？
- 整體的幸福感？

為了戰勝成癮行為，你必須願意竭盡全力。你得避免去做某些有誘惑力的事件，或主動去做以前不敢嘗試的事。你準備好要做出這個承諾了嗎？你有決心要擺脫這些壞習慣嗎？跟自己打勾勾，然後繼續讀下去。

跟你的成癮行為拼了

你一定想要有所轉變。恭喜你，你已做出改變人生的重大決定，是該採取一些激進、甚至極端的行動了。人們搞不好會認為你瘋了。但當下不改變，就會永遠保持原貌。

我從十三歲就開始寫電腦程式，並獲得與此相關的高等學歷，但我還是決定離開這個工作（為了攻讀學位，當年我還背了學貸）。這就我的激進行動，因為我想要擺脫工作成癮的狀態。程式設計觸發了我的工作狂和完美主義，在程式編碼運作前，我不吃不睡、甚至也不去上廁所！這極度不健康。對我來說，程式設計就像古柯鹼。因此，我創立約會軟體FDBK時，決定讓合夥人負責程式編碼的工作。

除此之外，我也不再購買花生醬（它是我最喜歡的食物），否則我一有壓力，就會打開罐子直接吃，因而攝取太多卡路里。現在，我在公寓裡沒有儲藏食物，除了低脂優格和茅屋起司，因為這兩種食物很難吃過量。我也不買糖果、巧克力棒、蛋糕、冰淇淋和糕點，這些食物都會令人胃口大開。我避免暴飲暴食，以此來維持體重。我也絕不碰酒精，那會使我放鬆過度，進而肆無忌憚地開始吃垃圾食物、抽菸。

必須做出這些犧牲，我才能在理智和健康的道路穩定前行。有些人、有些地方、有些活動會令你一再犯錯、難以悔改，是時候該斷捨離了。採取激進的行動，細數你正在逃避的現實。

課間練習↓斷捨離

思考一下：

- 哪些人、地點、活動或事物會讓你養成壞習慣？
- 遠離那些人或停止做那些活動，會有多困難？

現在開始吧，顛覆你原有的生活。

逃避與上癮的惡性循環

在我的引導下，你能看清自己如何使用壞習慣來逃避內心的困境，包括酗酒、暴食、過度工作或打電動。有些人會回到有毒的人際關係，有些人則是會瘋狂購物。無論這個習慣是什麼，它很可能是一種症狀，代表你正在逃避某些事情。為了根除壞習慣，我們必須有意識地覺察到自己正在逃避的事情。常見的項目有：

- 未滿足的基本需求

・壓力　・創傷
・低自尊　・怨恨
・恐懼　・內疚

找出這些癥結點，並設法正視它們。這麼一來，你就不會再無意識地驅動自己的行為。你也會發現有時壞習慣非常誘人，無論你有多大的意志力都抵抗不了。

如前一章所述，滿足基本需求對於身心健康至關重要，否則我們會用有毒的行為和物質來彌補。所有的成癮行為都會導致憂鬱症，它們一點一滴地腐蝕人類的自然滿足感，你變得像一株枯萎的植物，終日渴望著水和陽光。

成癮的人就像暫時失去理智；深陷於痛苦中，唯有一劑藥物才能帶來快感，其他的事情都不重要。熬夜追劇、打電動或狂嗑小說，會令人神智恍惚、進入催眠狀態。在這種脫離現實的泡泡中，生活的壓力和焦慮可暫時緩解。因此，我們沉迷於垃圾食物、酒精或衝動地做出決定。雖然得到一時的快樂，但等到泡沫破滅、現實襲來，我們就不得不面對肥胖、病痛、缺錢甚至法律上的後果。我們沒有滿足真正的需求，離幸福愈來愈遠。

這些令人上癮的泡沫總是非常誘人。孤單時，就抱一桶冰淇淋來安慰自己。覺得人生沒有意義時，來一手啤酒就好了。反正人生不會變好，不如沉迷在電視劇的世界中。人一旦陷入這種惡性循環，就難以靠自己的意志力來戒除成癮行為。

以我的例子來說，為了控制自己的壞習慣和成癮行為，我必須接受各方面的指導與訓練。這是一段持續不間斷的旅程，而復原並不是終點。保持謙卑，否則就會有重蹈覆轍、身心俱疲而崩潰的風險。我在二〇一九年底，復胖了二十五公斤，因為我太忙於工作，沒有滿足我的生理需求，包括取得充足的營養和睡眠。給予足夠的照顧和維護，機器才能發揮效能，而不致於故障。我的一些客戶工作效率很高，我常跟他們說，他們得像F1賽車一樣，定期更換輪胎和補充燃料，否則無法發揮最高性能。他們還得偶爾冷卻一下，或是進廠維修。無生命的機器都需要保養了，有生命和社會化的人類更是需要休息。

工作要有效率，就要有充分的休息、睡眠、休假、玩樂，也許要人際上的交流、關注、歸屬和隱私。這些不是奢侈的行為，想要保持心理和身體健康，並且戒掉壞習慣，就一定要滿足這些條件。記得，要找出尚未滿足的需求，避免長期處於高壓狀態。

逃避壓力

世界知名的成癮問題專家派翠克．卡尼斯博士（Dr Patrick Carnes）表示，成癮和壓力密不可分。事實上，成癮的過程正是「對壓力適應不良的反應」。換句話說，成癮是為了設法緩解壓力。未滿足的需求、內心的怨恨和病態的環境，都會造成壓力不斷堆積。但有時候，解決辦法很簡單。

你是否四處奔波，幾乎沒有時間喘口氣和思考？你每天都擔心上班遲到，所以開車時老是心跳加速、腎上腺素飆升。你覺得前面的車開太慢了，忍不住在心裡面咒罵：「該死的，開快一點好嗎？」在你意識到之前，你已經在生氣了，還感到非常焦慮。你發狂似地從停車場跑到辦公室，就算已經遲到了，也沒時間喘口氣，還得衝進會議室。你一邊開會，一邊看著筆電上顯示的三封郵件，其中包括一項緊急任務。會一開完，老闆又叫你過去，發出另一項緊急工作。

一整天結束時，你已疲憊不堪，心裡想著「真想喝杯酒放鬆一下」。於是，成癮行為變得更加誘人。你會對自己說：「今天真辛苦，這是我應得的！」無疑地，這也是我自己的經歷。我當年創業時，也是奔波一整天、到處開會，然後吃一些不健康的食物來放鬆一下。

現在，每次上完一堂人生教練的課程，我會休息一個小時，好放鬆一下，順便補充能量。你得學會保留時間給自己，包括在工作中設下界限，否則老闆或同事就會控制和利用你。方法如下：

- 回到家或休假時關掉通訊軟體。
- 若你身體不堪負荷，一定要拒絕加班，也無需勉強自己幫同事的忙。
- 晚上不要查看電子郵件。

有些人的工作性質很特別，壓力又大又危險，像是消防隊員和軍人，只能在輪班的空檔和待命期間，設法找出足夠的休息時間。工作的時間要充裕，排行程時，要避免接連不斷的會議。問問你自己：「我是否想在一天之內取得許多成果？」要小心，「吃苦當吃補」和「沒時間休假」是一種有毒的文化。忙碌和高效率是兩回事。

在二十一世紀的社會中，人人壓力山大，也背負了許多創傷。

逃避創傷

心理創傷也是人人想逃避的問題。戰場上的士兵、性侵受害者和車禍倖存者，他們所承受的創傷最可怕、最嚴重。不過，任何狀況只要威脅到人類的基本需求，都會造成創傷。例如：

- 經濟狀況不佳。
- 失去友誼或感情生變。
- 被霸凌（身體和情感上受到威脅）。

以上這三項，心理學家稱為次等的創傷；它們不會在一時間造成巨大的痛楚，但長期累積的話，就會釀成創傷後壓力症，進而影響我們的心理健康。

如果你懷疑自己在逃避創傷，那最好去諮詢受過認證訓練的專業人員，並嘗試以下的專業治療法：

- 倒帶：在放鬆的狀態下，從回顧中重新觀看創傷，並想像未來的場景，以觸發正面的新反應。
- EMDR（動眼減敏與歷程更新治療）：在回憶創傷時讓眼睛左右來回地跟隨著光線。以這種方式移動眼睛，就能刺激左腦（邏輯）和右腦（創造力和感覺），並且讓兩邊交流。在回顧過往的創傷時，讓眼睛跟隨燈光移動，也是一種暴露療法。
- 生物能量學（Bioenergetics）和創傷釋放運動（Trauma Release Exercise）：透過身體來治療心理問題。在生物能量學中，透過「弓式」運動，讓身體不由自主地抖動，就能發揮效果。方法如下：把手放在背後，下背部往前推，然後雙臂向上伸展，就像一支弓。保持穩定的呼吸，直到核心開始顫抖。動物在野外受到攻擊，就會不由自主地抖動，以此來燃燒多餘的皮質醇和腎上腺素，進而重置神經系統。
- 後誘導治療（PIT）：進入催眠狀態，重溫創傷的記憶。透過想像，讓長大、成熟的你與年少的自己對話，與創傷記憶建立起新的關係。

以身心的運作機制來看，理性的認知活動很難療癒創傷。保存創傷記憶的杏仁核，不斷掃視環境，尋找與記憶有些微相似的事物。在「模式比對」(pattern matching) 的過程中，杏仁核會不時發出警訊，不過這可能是恐懼症或創傷後壓力症候群的過度反應，就像是煙霧偵測器太過敏感，光吐司烤焦就會警鈴大作。因此，若你自己或治療師讓你產生這種過度反應，你反而會再次受創，不但無法消除記憶中的情緒衝擊，也無法將記憶從杏仁核轉移到大腦的長期儲存區。

創傷難以治癒，沒有任何治療法是百分之百有效的，而且療效都取決於你與治療師的關係有多麼緊密牢固（以及他們的專業度）。在療癒創傷的漫漫長路上，以下練習對你有幫助：

- 引導式放鬆法：像是自我催眠、冥想、祈禱，以降低「情緒激發」的程度和焦慮。
- 與溫柔和善的人們交流，讓你感到被接納和被愛。避免接觸令你感到焦慮的人、情況和場所。

- 避免攝取咖啡因，以免身體分泌太多皮質醇和腎上腺素，讓你更加緊張。
- 避免喝酒。酒醒之後，通常會感到更加焦慮和緊張。
- 心繫重大的人生目標，多為他人服務。
- 避免陷入受害者心態，不要問「為什麼是我受苦」，而是問「如何改善現況」。
- 規律並有意識地放慢及加深呼吸，來啟動神經系統的放鬆反應。用腹部吸氣四秒鐘，然後吐氣八秒鐘（此為腹式呼吸法）。躺在床上，將手機或小石頭放在肚臍上，在吸氣和吐氣時，讓它上下移動。
- 聽放鬆的音樂。有研究指出，這可以改善患者的睡眠品質。[4]
- 相較於繁忙、吵雜和高壓的城市，居住在人口較少、較安靜的地方，對神經系統的刺激和負擔較少。
- 若你心情容易浮動，又很難找到安靜的地方，可使用耳塞或主動降噪耳機。有心理創傷的人對於噪音和壓力非常敏感，也容易被激怒，也因此更會有成癮的行為。

逃避低自尊

自卑、自認沒有價值又不討人喜愛，就會想逃避人際關係。這種心情很難受，畢竟誰想要這種一無是處的感覺。若你認為自己一點價值、優點都沒有，那可能是被杏仁核劫持，才會陷入了全有或全無、非黑即白的思維模式。

事實上，你一定有可取之處。首先，你設法冷靜下來，做一點深呼吸練習，或是與信任的人說話。你會發現，原來自己被杏仁核控制了，而不是理性的大腦！而且，你也被自己設想的人生故事給制約了。

過去，只要我被拒絕、事情不如意，就會無端地責備自己。在交友網站上，只要我喜歡的人對我沒興趣，我就會心情低落。值得注意的是，許多人上交友網站也只是要滿足虛榮心：

- 殺時間隨意逛逛。
- 設法獲得更多的愛心，以成為高階會員。
- 要求其他使用者追蹤自己的ＩＧ才能傳送訊息。

出於許多原因，有些人不會在交友網站回覆你：

- 他們其實已婚或有伴侶了。
- 他們不是付費會員，所以不能發訊息。
- 他們就是對你沒有感覺。[5]

請記住我在第一章中所說的，提升自尊的最好方法就是停止責備自己。如果你仍處於低自尊的狀態，請回到第一章並完成各項練習。質疑自己那些負面的人生故事，並用客觀的角度重新解釋。不過，若是你的低自尊是來自於波折的情感經歷與負面信念，那就需要優秀的人生教練或治療師來幫你提升自信。

接下來，我們要看看怨恨、恐懼和內疚的有毒能量。

逃避怨恨

在匿名戒酒會的主要教材中，有一句重要的話：「怨恨是頭號罪犯，它能重新點燃癮頭，再次摧毀已經戒酒的人。」

的確，我過去的人生就是如此。每當我感到憤怒、壓力沉重，就會想尋求緩解的方法，但事實上，這些方法都沒有用、也不太健康，像是暴飲暴食、過度工作、沉迷於電玩以及喝個爛醉。怨恨會不斷膨脹、激發其他更強烈的情感。

當我們被杏仁核劫持時，就難以保持理性思維，憤怒情緒就會大爆發，進而損害我們的健康，引發心臟病、高血壓等問題。在一時衝動下，我們會與親友鬧翻、重新找回毒癮與壞習慣，甚至會犯下可怕的罪行。

若你有暴飲暴食、酗酒或過度工作等成癮行為，就是處於停頓（HALT）裝態：飢餓（Hungry）、憤怒（Angry）、孤獨（Lonely）和疲倦（Tired）。此時，最好避免做出重大的決定，因為在壓力之下，我們會找回壞習慣，還會失去理智，變成更加情緒化，也更容易犯錯，做出令自己後悔的言行。

情緒高漲時，行為和思考都是不理智的，得先設法平靜下來。精神科醫生史蒂夫・彼得斯（Steve Peters）在他的著作《黑猩猩悖論》中解釋道：「情緒高漲時，內在的黑猩猩會發狂，這時沒人敢把把牠關回籠子裡，否則牠會用更大的力氣揍死你。因此，你要讓牠盡情活動、把精力都發洩掉。同樣，孩子在尖叫和哭泣時，也不用先進行理性溝通，而是抱抱他、說些溫柔的話來安慰他，讓他先平靜下來。以下有一些方法可以讓你內在的小孩（或黑猩猩）平靜下來：

- 運動：生氣時，身心會進入備戰狀態，準備大幹一場。這時去跑步或舉重，就能釋放腎上腺素。然而，最好不要去練拳擊，心理學家格里芬認為，往後你一生氣時，就會下意識地出拳，這可不是個好主意！
- 握緊拳頭：吸氣時用力握拳，接著慢慢吐氣，數到十再鬆開手。你也可以繃緊其他部位的肌肉。放慢呼吸、讓吐氣的時間長於吸氣的時間，就能有效啟動神經系統的放鬆反應。
- 跟朋友吐苦水：內心痛苦時，我們都想得到傾聽和認同。打電話給知心好友，設法表達你的不滿、說出令你沮喪的事情。除此之外，各大慈善機構都有求助的管道，或是前去看診或預約諮商。你需要一位善解人意的夥伴，他能耐心傾聽，且不會亂出主意（否則你會更加生氣）。[6]

道德盤點

情緒平靜下來後，就可以重新建構事情的原貌，進而化解內心的不滿。這個過程彼得斯教授稱之為「調教黑猩猩」，有些治療師則稱之為「重新撫育內在小孩」。我從十二步驟療法中學到一個很棒的方法，稱之為「道德盤點」（Moral Inventory），它有助於減少有毒情緒（如怨恨）的作用力。

怨恨長期存在潛意識中，讓人內心痛苦和扭曲。只要你某天心情不好，或是發生某事讓你想起過往的不快（杏仁核的模式比對功能），你就會感到壓力山大、忿恨不平，還想尋求壞習慣的慰藉。

想化解內心深處的不滿，我們可進行道德盤點，請列出四個問題：

第一：怨恨的對象？

第二：怨恨的原因？

第三：自己受到哪些影響？

第四：化解不滿。

在第一欄寫下你怨恨的人、團體或組織。在第二欄寫下怨恨的原因，例如對方比你有錢或是沒有同情心。在第三欄寫下你所受到的影響，比如自我感覺、自信心、心情、對人的信任感、人際關係、財務狀況或對未來的規劃。

新冠疫情期間，在一個陽光普照的下午，我在家工作，但不斷聽到「砰！砰！砰」的聲音。原來是對面的鄰居音樂放得超大聲，我前去詢問了好幾次，請他把音量關小一點，否則我就會跟環保局檢舉。於是他惱羞成怒，開始威脅我、咒罵我。回到家裡時，我也怒不可遏。冷靜下來後，我開始做道德盤點：

第一：我怨恨對面的鄰居。

第二：因為他不斷大聲播放音樂！溝通時不講理，還威脅我。

第三：他瞧不起我，打擊我的自信心，讓我內心無法平靜，也沒有安全感。

鄰居說話如此傷人，我的自尊和安全感受到傷害。那些噪音令我無法平靜，我非常惱怒，就更難跟遠端的工作夥伴溝通。而且，那天要處理的工作不能搞砸，否則就會失去一筆好生意。我覺得自己好懦弱，無法強硬地對付他。幸好我上過良好的情緒管理課程，所以當下做出明智之舉：回家好好沉澱一下（第四欄）。

同樣，為了化解不滿，你可以靜心思考或寫筆記。接下來，我會提供一系列「化解不滿」的自我提問句，幫助你重新思考及觀照自己的感受，以消除怨恨的情緒。

問題一：我在其中扮演什麼角色？

我在第一章談到，遇到施虐者或陷入有毒的人際關係時，千萬不要責備自己。為了要避免成為全然無助的受害者，我們得意識到自己的負面行為模式。透過這個問題，你就能了解自己在這個事件中應負哪些責任。

以前有些人生教練和心靈導師會辱罵我，這是我識人不明，才會讓他們欺負我。我現在了解到，過去在挑選教練時，我只看重學經歷等背景（膚淺的印象），也就是光鮮亮麗的人，而不是先試上一兩堂課，看看能否融洽地相處。這是我該負責的部分，所以我對他們的怨恨就減少了一點。

至於對面那位吵鬧的鄰居，我想我的問題在於，我不該期望倫敦應該是個安靜的城市，這太不切實際了。除此之外，我也意識到，當時我認為鄰居把音樂開大聲是刻意要針對我，而不是他個人的公德心問題。所以，其實我也蠻自我中心的。

不過，在一些令你忿恨、受創的事件中，你的確一點責任也沒有。所以問題一並非適用於所有情況。你能負責的部分，只有找出處理創傷和憤怒的方法，並且換個角度理解那個事件。對於傷害你的人，你可以選擇原諒他，繼續前進。難道，你想在餘生中，不斷在腦海裡重演這些事件嗎？怨恨（resentment）這個字源自拉丁文sentire，意思是「去感受」，怨恨的意思是「去重新感受」。你真的想要一再重溫痛苦和敵意嗎？

問題二：我是否有雙重標準？

我們都認為，自己對某事的怨恨合情合理。這種成見很難擺脫，我們認為，自己有權生氣。然而，怨氣會累積壓力和壞習慣。生活中，難免有人會不體貼或錯待自己，這時就要問自己：「我有沒有對他人不好的時候？」

大多數人都有這樣的經驗。生氣時，馬上忘記自己的缺點，只會批評他人。就像有囚犯說：「我是殺人犯，但我不是性變態！」但他就是犯下惡行，才會被關在監獄裡。時常提醒自己，你也有大大小小的缺點，不要那麼自以為是，這樣你才能更加平靜、從怨恨中解脫。

問題三：那個討厭的人也許生病了？

以前我太心急了，所以會對戒酒會的夥伴很不滿，覺得大家都很不理性。我對另一個同伴說：「天啊！這邊真像個精神病院！」她回我：「親愛的，整個世界就是個精神病院。」可不是嘛！眼睛一打開，每天我們都會看到有關犯罪、恐怖分子、貪汙、醜聞的報導。在社群網站，網友們刻薄地嘲弄彼此，為了無關緊要的事情大吵特吵。只要你對時事公開發表意見，就可以等著吵架的人上門了。

當你想到有人說過或做過自私的事情，就請想像以下這個場景：你走進病房，裡頭有個重度的精神病患。他胡言亂語，說一些討人厭又不友善的話，時而吸吮拇指，或對著牆壁大吼大叫。在一般情況下，你會反擊、回敬一些不友善的言語。但他生病了，所以你會以慈悲、忍耐和寬容的態度來對待他。同樣地，讓你感到生氣或沮喪的同事或朋友，搞不好也生病了，認知、心理或精神上有狀況。這樣想的話，你也許能用憐憫的眼光看待他們。

問題四：對方是不是出了狀況？

某天，我跟學員潔恩約好了要上課，但她卻遲到超過三十分鐘。我非常生氣，心想著：「她應該早點傳訊息或打電話來通知我。太不尊重人了！她以為她是誰啊？」我以前有許多被霸凌的經驗，所以對於不尊重我、浪費我時間的舉動都非常敏感。

我在腦海中排練要責備她的話，等她一到場，就好好修理一番：「今天的主題就是要改善妳的時間觀念。」但不知為何，我內心有個小小的聲音對我說：「先聽她說原因。」於是，我耐著性子聽她辯解。原來，在她前來上課的路上，有人在地鐵站暈倒了。潔恩以前是護理師，所以她覺得自己應該出手相救。她做了急救措施，並一直陪在那個人的身邊，直到醫護人員到來。在那一刻，我感到非常羞愧。我怎麼能妄加評斷這麼好心的人？許多人都跟我一樣，氣頭一來就不明就理地責怪別人。其實，我們都應該先停一下來想一下：「對方是不是有什麼難處？」從此之後，我就會選擇先相信別人。

同樣，我對面那個吵鬧的鄰居也許是心情低落，所以想大聲播放音樂來自嗨一下。

在新冠疫情期間，每個人都心情鬱悶，因為對生活的自主性、掌控感和人際關係都被剝奪了。我開始產生同情心。當然，往後我聽到音樂聲時還是有點不悅，但不會真的發脾氣。人性有相通之處，所以我發揮了同理心，而不是用道德優越感批判對方。古人所說的「以德報怨」、「寬恕七十個七次」也許沒那麼糟，畢竟我們能掌握的事實和資訊有限，所以該多聽對方的說法。

以牙還牙於事無補。無論你有多痛苦，也不可以傷害他人。與其生氣，不如設法培養同情心，這會減輕自身的憤怒，並遠離自以為是的評斷。在法庭上，檢察官會聽取辯方的論點，找出從輕量刑的理由；細聽對方的說法，比較不會嚴苛地做出判斷。法官宣判前，也會考量被告的困境，例如童年受到虐待、心理健康出問題等。記得瑪麗莉・亞當斯博士（Dr. Marilee Adams）的話：「我們都是正在復元中的批判者。」

每個人都以為，自己絕對不會做出傷害他人的事。這也許是因為你所受到的傷害不夠深。在電影《心靈小屋》中，主角邁可遇到了蘇菲亞，她是上帝智慧的化身，並給予邁可成為審判者的機會。

小時候，父親常在酒後毆打邁可，所以邁可決定要先懲罰父親。接著他看到一個畫面，有個陌生小男孩被他父親毒打。蘇菲亞問，要不要審判那個孩子，邁可回答說：「他只是個孩子啊！」蘇菲亞便說：「那個陌生男孩就是你父親。」

就在那一刻，邁可哭了。同樣地，那些虐待我的親戚，過去也遭受過類似的折磨，搞不好更加痛苦。施加在我們身上的痛苦，不可施加在他人身上，如此才能終止創傷的世代循環。

問題五：要接受還是改變它？

對現狀感到困擾時，有以下三種選擇：生氣、接受、改變。

一直生氣不是辦法，否則你很難戒掉壞習慣。所以你必須決定：接受它或改變它？接受某事、不再對抗，你的時間和能量就能被釋放出來，改去做更有意義的事。畢竟，有些事情無法改變，對於太陽是黃色而不是紫色，你再怎麼生氣也沒用。嘆氣之後，接受現狀，然後繼續前進。

我去西班牙度假時，有天坐在一家露天餐廳，令我惱怒的是，有幾個客人在抽菸。「多麼自私啊！」我憤怒地想：「他們想虐待自己的肺，但為什麼連我的肺也要遭殃？」

他們汙染了用餐環境，我愈想愈憤怒。於是我問自己，我能做些什麼：

1・什麼事都不做，繼續生氣。
2・接受它、忍受它。
3・詢問對方能否不要抽菸，但也許會一言不合吵起來，毀了悠哉的度假心情。
4・默默離開餐廳。

我本來要選第二項，但我咳個不停、滿腔怒火無法平息。於是，我只剩下第三和第四個選擇。每次我請求別人不要抽菸，過程都不太順利；對方聽到這種請求，多半會惱羞成怒，覺得自己被責備了，也認為自主權受到侵犯。

在心不甘情不願的狀態下，我選了第四項。我在氣憤中自言自語：「這些人以為他們是誰？我要給他們好看。」但是，回想起來，離開才是正確的做法。何必在度假時跟人大吵一架呢？值得嗎？有些戰鬥根本不值得開啟。有時保持冷靜、遠離不體貼的人，畢竟當下無法改變情況，還不如走為上策。

我們應該把力氣花在更重要的事情上，像二手菸這樣的小煩惱就先放下。馬丁・路德・金恩博士無法忍受美國的種族不平等，但他把這股怒氣轉化為行動的能量。他也可以發發牢騷，吃個冰淇淋來安撫自己的情緒，但他選擇主動出擊。他發起民權運動，呼喚大眾參加和平示威遊行。在他的推動下，政府才制定法律，終止種族歧視。由此可知，憤怒能轉化為創造力和行動力。

問題六：我在害怕什麼？

生氣時，其實也在害怕某些事情。憤怒是種保護機制。我們害怕自己不值得被愛、欣賞或尊重。我們害怕自己被利用，或是某些需求得不到滿足。因此，不妨多問自己「我在害怕什麼」，看看憤怒的背後是否夾帶著恐懼。例如，每當開車時，我看到有人搶快、超車就會破口大罵，因為我擔心其他乘客的安全。此時，憤怒就是一種保護性的情緒。

問題七：對方有什麼需求？

生氣時，問自己這個問題不會為你帶來建設性的結果，搞不好你的答案是：「他們需要好好被修理一下！」因此，等到冷靜下來，再理智地思考這個問題。或許那些討厭的同事需要有人真誠地關心他，又或許他需要培養覺察力或療癒自己。

這時，不妨用「周哈里窗」（Johari Window）來分析情況：

周哈里窗	我心知肚明（Know to self）	我也不知（Not known to self）
他人知道（Known to others）	公開的自我面向	盲點
他人不知道（Not Known to others）	想隱藏的自我面向	未知的自己

我們身上有些事情，別人看得清，但我們卻不自知，也就是自我的盲點。有時，我們的行為模式都在自己的「意識邊緣」（Edge of Awareness）外。你所討厭的人也有那些面向。但從人性的角度來看，我們也希望對方得到幸福、獲得療癒、提升覺察力並自我成長。

無論對方內在欠缺什麼，你都會希望對方順利獲得。真誠地為他們祈禱，期待對方能得到成長的養分，就能減少對他們的怨恨。提醒自己，對方可能在心理或精神上遇到困難。我不再自以為是地生氣，而是用慈悲與愛關心對方。透過冥想或祈禱，向他們傳遞正能量，希望他們早日康復、繼續成長。

有些人對此感到不以為然：「門都沒有！我才不希望那個人變好！他活該！」我以前也是如此，愛記仇又不願原諒他人。事實上，這因為我們害怕又變成出氣筒，再次被對方傷害。不過，既然你決定要竭盡所能地改變自己，那你更應該原諒對方。這不是為了他們，而是為了你自己。

每個人都是不完美的，也應該得到救贖和成長的機會。我有個好朋友曾經沉迷於吸毒，還偷父母的錢去買毒品。而今，他是位專業而明智的心理治療師。我有個學員曾在監獄服刑，而今成為受人尊敬的企業家。罪犯改過自新後，就會為自己從前的行為感到後悔，進而成為社會上有價值的人。

原諒、祝福你的敵人，但你還是可以劃清界線，不必當他們的朋友，也無需保持聯繫。

課間練習成長↓盤點怨恨的人事物

請回答以下問題：

- **我討厭的人。**
- **原因為何。**
- **個人受到哪些影響。**

舉例來說：我討厭隔壁鄰居，因為他們老是放狗出來亂大便，降低我的生活品質。接下來，針對這個鄰居，應用前面的問題來化解自己的怨恨：

- **我是否有雙重標準：是的，我有時也會在家裡辦派對，吵到天亮。**
- **我能做些什麼來改善現況：送對方一組「寵物糞便清理器」。**
- **對方是否有任何狀況：是的，鄰居生病了，沒力氣帶狗散步，只能任由牠隨地大小便。**

以此類推，列出十個你討厭的人，並跟好友分享這個清單。這麼一來，就能放下情緒上的負擔、一吐胸口的悶氣，讓心情舒緩下來。此外，朋友也許有不同的觀點，有助於你化解自己的成見。

逃避恐懼

恐懼是人類的天性。每個人天生都有些無意識的負面偏見，所以會預期事情有壞結果。這是一種生存機制，想像最壞的情況，並採取行動來預防，才可以保護人身安全。問題在於，壞習慣也會跟著上身，以暫時擺脫生存的恐懼和焦慮。

透過列出恐懼清單，找出令自己感到焦慮的事情。問問自己，為什麼如此害怕，並把答案寫在筆記本上，以此喚醒理性的大腦，並試圖趕走恐懼。就如同前面的練習，我們可以與好友分享自己的恐懼清單。

首先，一樣先列出四個問題：

- 我在害怕什麼？
- 為什麼？
- 對我個人有什麼影響？

・如何減少恐懼？

大多數人都會基於恐懼來做決定。以工作狂來說，就是害怕錢不夠或是做得不夠好。我們還會用酗酒等壞習慣來麻痺或閃躲焦慮的情緒。我對錢沒有安全感，所以拚命工作，還無意識地催眠自己：只要我更努力工作，收入就會穩定。可悲的是，拚命工作只會把自己累垮、破壞我的身心健康。如何減少恐懼？有許多策略參考。

問題一：我是否在無意中製造這種恐懼感？

許多人都習慣假設最壞的情況，或是被過去的事件所制約，只用負面的角度看當前的狀況。因此，你就是恐懼滋生的幫兇。比方說，有些人為了追求財務上的安全感，花大筆錢買股票，結果投資失利，反而更加害怕沒錢，後來為了撫慰自己的不安，又花錢買了名牌包。另外有些人遇到問題就小題大作或太快下結論。總之，針對自己所害怕的事情，多次問自己這個問題，或許就能發現製造恐懼的思維或行為模式。

問題二：你怎麼確定這件事真的會發生？

每次問學員這個問題，百分之九十九的回答是：「其實我不確定。」既然如此，那為什麼要擔心？許多恐懼只基於負面的預測。絕佳的例子就是「千禧蟲」恐慌。在二〇〇〇年前夕，電腦系統都在調整，準備將四位數年分簡化為兩位數，例如將一九九八轉為九八，以節省儲存空間。問題在於，電腦系統該如何區分二〇〇〇年和一九〇〇年？結果，在媒體歇斯底里的煽動下，許多人認為飛機會從天上掉下來、核反應爐會故障、水電供應會中斷、文明世界將崩潰。許多人開始囤積食物，甚至建造地堡。最後……什麼事也沒發生。不少電腦當機，但沒有如專家預測般的世界末日降臨。法國南特的一個電子標誌在二〇〇〇年一月的確變成「一九〇〇」，但後續也沒有任何問題。顯然「千禧蟲」危機的預測都錯了。

想想看，你是否也犯了類似的謬誤。我有時也會開玩笑地問我的客戶：「你有水晶球嗎？」答案當然是沒有。誰都不能準確地預測未來。這實在令人開心——因為明天充滿著無限可能。

問題三：我能做什麼來減輕這種恐懼？

人際關係失衡後，我設法恢復自己的身心狀態。在匿名戒酒會中，有位導師介紹我一種減輕恐懼的方法。在那段期間，我有種不理智的莫名恐懼，總覺得自己得了愛滋病。事實上，我沒有從事高風險的活動，包括與人共用針頭，或是進行無保護措施的性行為。但這種恐懼感揮之不去，我隨時都想從壞習慣中再次麻痺自己。

當時那位導師問我：「你為什麼不去做個ＨＩＶ檢測來確定答案呢？」這個想法從未出現在我的腦海中，因為我一直在逃避，不肯面對內心深處的恐懼。果不其然，ＨＩＶ檢測的結果是陰性，果然我一直在嚇自己。於是我可以抗拒酒精的誘惑了。

我還很害怕沒錢。在某位教練的指導下，我才知道，定期審視和預測現金流，就可以令人感到安心。我還學會檢視公司的支出與流入，以及計算現金循環週期。這樣我才知道，在現金用光之前，公司可以撐多久。做完這個練習後，我才發現自己的資金很足夠。「明天就會破產」這種恐懼一點都不理智，沒有任何準則或依據！最終，我的恐懼大山被劏平成小土丘了。

問題四：如果我恐懼的事情成真，那該怎麼面對？

我們在第二章中有談到，制定財務上的應變計畫很重要。同樣地，若你害怕失去工作或失去伴侶，也要想想看有沒有「B方案」可應變。請記住，你的選擇還很多，遠超乎你的想像之外。

問題五：事實真是如此嗎？

恐懼的背後往往是謊言，尤其是人言可畏。童年時被虐待或霸凌過的人，都會相信「我不夠好」。童年創傷研究者派雅・梅樂蒂（Pia Mellody）表示，虐待兒童的行為不限於養育活動。同樣，在成年人的世界，不尊重他人的行為都是虐待。

你以為自己破產了，但事實並非如此，再壞你還有個棲身之處，銀行帳戶裡也總有些錢。不要相信你所思或所感的一切！也許又是杏仁核反應過度。

問題六：誰能幫助我克服這種恐懼？

我們需要他人的幫助。情緒高漲時，我們無法清晰地思考，因為大腦已經反應過度。

與你所信任的人說說話，簡單地聊一下，就能克服恐懼。這其實是必要的。這種恐懼與創傷有關的話，就需要專業的治療師來協助。

問題七：如何才能培養更多正面的信念？

我常常問客戶：「恐懼的反面是什麼？」他們的回答大多是：「勇氣。」然而，我們在做某些勇敢的事情時，仍會非常害怕，比如冒著生命危險去拯救別人。因此，恐懼的反面不是勇氣，而是信念。例如，深信太陽明天會升起，就不會害怕漫漫黑夜。信念不能與恐懼共存。確實，有些信念非常主觀，具有個人的意義。培養信念的方式取決於你。精神方面的活動或信仰肯定是有益的。

課間練習↓盤點你的恐懼

請寫出以下列點：

・我所害怕的人事物

・為什麼？

・它們對我造成哪些影響。

例如：

・我所害怕的人事物：沒錢。
・為什麼：我老是亂買東西。
・它們對我造成哪些影響：財務出現危機。

針對這恐懼，應用本章的問題來化解。例如：

・如果這種恐懼是真的，我該怎麼做：學會記帳、整理自己每月的收入與支出。
・如何培養正面的信念：每天花十分鐘學會珍惜當下。
・誰能幫助我：諮商師或財務顧問。

找出你內心深處、讓你無法入睡的恐懼與擔憂，列出十個，並與朋友一起分享這份清單。

逃避罪疚感

「祕密就像隱疾」，這是戒酒團體的另一句經典名言。我們內心總藏著不為人知的祕密，令自己感到恐懼、罪疚和羞恥；它們還會侵蝕我們的自尊。有很多心理學家指出，羞恥和成癮密切相關。認為自己做錯事，就會有罪疚感，它的破壞性不下於羞恥感和自卑感。

每個人都做過壞事，但不見得你我都是壞人。沒有人是完美的，我也是。我傷害過一些人（尤其是以前的伴侶），那些過錯也很難彌補。把祕密說給態度中立、可信任的朋友聽，就能削弱它們的力量。祕密一暴露在陽光下，病菌就消失了。有的朋友會告訴你，他們也做過類似的事情，這時你就不會感到那麼羞恥而自卑了。

接下來，請問自己以下的問題：

- 我傷害了誰？（寫下對方的名字）
- 我對他們做了什麼？（誠實寫出你的行為）
- 我哪裡做錯了？（寫下你的缺失，如自私、不體貼、說謊）
- 如何減少罪疚感。（應用自我提問法，消除無用的自責）

以此類推，寫下你最黑暗、最深層的十個祕密，並與信任的人分享。這個過程不會太舒服，選擇專業的諮商師比較保險。在你分享心中最黑暗的祕密後，若對方仍然尊重以及愛著你，你就會感到很安慰，情緒也能宣洩出來。

問題一：該如何在不傷人的情況下糾正對方的錯誤？

我們無法改變過去，但可以設法彌補。跟對方道歉、詢問如何補救，都是很好的方法。比方說，你在某家餐廳發脾氣、打破了東西；之後你一定要道歉，並詢問該賠償的金額。有時道歉會有反效果，如果你當時欺騙過對方，重提往事只會造成二次傷害。你唯一能做的就是洗心革面。

問題二：我能做什麼永續的彌補行動？

有時，就算你有心想彌補對方，但也只會帶來傷害。正如前女友不想再跟你有任何瓜葛，因為你傷了她的心。你必須尊重對方的意願。你能做的只有確保自己不再犯同樣的錯誤，這才是釜底抽薪的辦法。下次你有新的對象時，記得不要橫衝直撞，好好觀察對方再進入交往關係。

問題三：我是否陷入完美主義的陷阱？

人們很容易有罪疚感。但還記得麥克・喬丹的故事嗎？不管他練習了多少次，他仍然會犯錯。你也可以讓自己擺脫不夠完美的困境。羞恥感太重的人會不斷告訴自己，他們不夠完美，一出生就是個錯誤。

問題四：若有朋友犯一樣的錯，你會對他說些什麼？

安慰他人比較容易，跟自己講話、照顧自己比較難。出於自卑，有些人常對自己說：「我不值得別人對我這麼好。」設想一下，假如你最好的朋友也犯了與你相同的錯誤，你會對他們說什麼。你一定會說一些安慰的話，讓他們感到安心。

問題五：當初若知道事情會有這種後果，我會採取不同的做法嗎？

每個人都是憑著現有的資源盡力而為。犯錯是學習的機會，記得，「沒有失敗，只有回饋」。有些回饋比較粗暴，會令你猛然驚醒，比如伴侶、朋友決定遠離自己。我以前不了解何謂有毒的關係，直到我的感情出現許多波折。在治療師的幫助下，我才理解問題出在哪裡。

我之前太無知了，只知道某些既定的相處模式。成長過程中，我看到父母不斷吵鬧、去學校又被同學霸凌，因此學會了許多負面的言行。我沒有意識到自己的想法跟行為模式有問題。

榮格是對的，沒有覺知到的思維會操控著我們的人生。每個人都有潛藏的運作編程和模式，它們主宰了你的人生，直到你有意識地覺察到。因此，你應該原諒自己的無知和愚蠢。如果你知道事情的後果與全貌，當初你就會做出不同的選擇。

問題六：當初我真的有完美的方案嗎？

後悔時，我們總是說：「我當初應該……我早該知道……」沒辦法掌握事情的發展，所以我們感到很羞恥，千錯萬錯都是自己的錯。羞恥（SHAME）這個字，也可理解為「本來可以掌握一切」（Should Have Already Mastered Everything），但這只是一種不切實際的後果論。回過頭來看，你當初能做出的選擇只有可能性和替代性方案。因此，你無須懊悔「當初我應該……」、「我本可以拒絕……」。少說這些話，就能消除對自己的完美期望。

課間練習↓盤點你的罪疚感

請回答以下問題：

- 我傷害了誰，或保有什麼秘密？
- 為什麼？
- 對我人生有什麼影響？

例如：

- 我有什麼秘密：偷看伴侶的手機，看他有沒有偷吃。
- 為什麼：我害怕自己不夠好，對方會離開我。
- 對我人生有什麼影響：自信心降低，疑心病上身。

接下來應用以上的問題來減少罪疚感。

• 我能做什麼永續的彌補：立刻停止這種行為，並找人討論我的低自尊和疑心病。

想想看內心有哪些罪疚感，有哪些事不想讓家人、朋友、同事知道。一樣列出十項，然後跟百分之百可以信任的人討論。

尋求幫助

我八歲時，父親帶我去水上樂園玩。我本來在淺水區玩得很開心，但突然被人造水流拉進深水區。我當時還不太會游泳，所以驚嚇不已。我愈是想掙脫出去，就愈被困住。幸運的是，一名救生員在附近，於是我瘋狂地向他揮手。他馬上遞出一根杆子給我，我抓著它、接著被拉到安全的地方。

有時候，獨自一人是危險的。我們的情緒就像那些水流。生活順利時，我們很容易擺脫那些惡習。但是，生活不穩定或充滿挑戰時，情緒波動就會很大，讓人迷失方向。沒有足夠的支持，我們就會被推到危險的地帶，再次染上壞習慣。

單自己的意志力戒癮是很難成功的。汽車拋錨時，你應該先打開引擎蓋，看看哪個地方故障了，最好直接打電話給維修廠，請他們評估問題出在哪。

有些既定的行為、思維或情緒會把你拉回過去的困境。因此，別想憑一己之力修好你那輛拋錨的汽車。尋求外在幫助，才能從有經驗的人身上找到出路。本書中的問題和練習能有效改掉你的壞習慣；保持覺察力，不要重蹈覆轍！如果還是難以戒除，那一定要去就醫。

小結

成癮和壞習慣是同義詞，只是後者看來比較中性。「成癮」會讓人想到酒鬼和毒蟲，所以大家才不想面對。

所謂的成癮，就是不顧後果持續使用某種物質或方法。壞習慣太多了，所以不要再自欺欺人地說：「我沒有上癮，那只是個壞習慣。」在內心深處，你知道自己的生活失控了。舉例來說，你整夜沉迷於電玩遊戲，所以忽視伴侶的需求、工作時無精打采、體重上升。到事態嚴重時，人們才會承認自己有問題。這時你需要一些幫助，才能及早制止這種行為。

逐步改掉壞習慣後，接著審視內心，看看自己在逃避什麼，是未滿足的需求、恐懼、怨恨或羞恥。想想看自己能做些什麼，比如改變對它們的看法。

成癮的思維或行為就像是一池死水，令我們動彈不得。設法排出舊思維，讓新思維和新的生活方式像活水般流入。康復之後，我們的覺察力就會提升，進而做出更好、更健康的選擇。時常提醒自己成癮的後果，以及對健康人生的承諾。你也可以參加治療團體，跟大家一起分享受苦的經驗，並保持希望、往康復的目標前進。

與其拿起一手啤酒或一桶冰淇淋，不如撥通電話給知己好友。與人交流就能阻斷癮頭。加入治療團體，努力培養自己理智的一面，跟夥伴們朝康復的目標前進。在這過程中，記得留意自己的身心狀態，如飢餓、憤怒、孤獨或疲倦等。

在本章，我們了解到，個人潛意識的驅力會養成壞習慣，也學到阻礙的方法。下一章，我們會探討人類行為和人際關係背後所潛藏的動機。

4

我潛藏的動機是什麼？

潛意識如果沒有進入意識，
就會引導你的人生，
而成為你的「命運」。

｜

榮格

在本章中，我們將探討潛藏的動機，那不是人生目的，而是你行為背後的真正原因。潛意識驅動我們大部分的行為，而探索自己最深層的動機，就可以發現自己的情緒源頭，還有天生的優點、缺點和盲點。如此一來，你就能發展各方面的性格，讓自己變得更加平衡。而發現潛意識動機的絕佳工具，便是九型人格（Enneagram）。

九型人格

這個分析性格的系統非常古老，當中包含九種相互關聯的人格。原文的前半部源自於希臘語ennea，代表數字九；而gramma是畫出來或寫下來的圖形。有些歷史學家認為，這套系統的起源可追溯至猶太教、蘇菲派和天主教的沙漠教父。一九七〇年代，哲學家奧斯卡．伊茲查洛（Oscar Ichazo）和精神醫師克勞蒂歐．那朗荷（Claudio Naranjo）將它應用在心理學和人格分析的領域。而今，人生教練和心理治療師也用它來幫助客戶了解其最深層的動機。

這個系統的特點在於，九種不同的性格類型是依動機來區分的，而不是行為。因此，不同類型的人也可能表現出相同的行為，只是其動機完全不一樣。

除此之外，九型人格不是用來把全人類分成九種原型，而是讓大家知道，我們總是無意識地把自己放進某個框架中，所以要設法打破。每個人身上會有兩種以上的人格，除了主要動機外，也有次要動機。以下會一一介紹各個人格的動機、優缺點以及重大議題。

第一型：完美主義者（The Perfectionist）——我一定要十全十美

完美主義者覺得，自己一定要把事情做到完美，因為他們認為世界到處都是問題。所以他們的個性中規中矩、做事認真而注重細節，但有時也非常嚴謹。因此，他們的主要缺點是易怒，但通常是隱忍而不是外顯出來，否則他做人就「不完美」了。

當他們被自己的不完美激怒時，就應該問問自己「為什麼我這麼努力，結果卻反而更加不完美」，以及「當我感覺自己不夠好時，為何會非常生氣」。此外，如果他們一直在意他人的不完美，就應該問問自己「我對他人是否有雙重標準」，以減少對他人的批判與憤怒。

第二型：助人者（The Helpler）——我需要被欣賞和需要

助人者的核心動機是樂於助人和被需要，其核心故事是「當我受到讚賞和被需要時，才感到有價值」。因此，他們會善於討好他人和付出，但內心帶著淺淺的期待，即，期待對方會愛自己、欣賞自己。有時，這種動機會帶有操縱性。他們太在意別人的看法，而主要的缺點便是驕傲——他們只想知道自己是被別人愛著的。若對方覺得理所當然或沒有表示謝意，助人者的情緒就會上來。他們需要自省並問自己：「為什麼我渴望被人欣賞的感覺？」

第三型：有競爭力的成就者（The Competitive Achiever）——我要成為頂尖人士

成就者渴望成為菁英，其核心的故事是「我得成為贏家，否則沒有價值感」。他們有幹勁、好勝心強，但沒有耐心，還不時會作假。他們的主要缺點就是虛榮心，所以刻意要表現得像成功人士一樣。若有人破壞他們的專業形象，就會令他們憤怒不已。他們得依靠巨大的成就才能補償空洞的自我價值感。他們應該反覆問自己「該如何才能感覺自己真的有價值」和「為何成功對我來說如此重要」。

第四型：個人主義者（The Individualist）——我要成為與眾不同的人

個人主義者渴望成為獨特的人，他們的身分認同在於「與眾不同」。他們的核心故事為「只要我是稀有動物，那我就是有價值的」。他們做人坦率、非常忠於自己，許多四號人都成為出色的藝術創作者。然而，他們的主要缺點是嫉妒，所以不喜歡其他人比自己更特別、更受歡迎。他們覺得，這會威脅到自己所享有的讚賞和關注。他們也討厭被忽視，因為這代表自己是路人甲。

四號人以憂鬱和自憐著稱。他們對人生的看法相當悲觀，所以忽視了眼前的美好事物。他們想克服嫉妒的話，就要多問「當我覺得自己被忽視時，我內心的小劇場是什麼」。要克服憂鬱的話，就要問自己「身邊有哪些可感謝的人事物」。想克服自憐的話，他們就要問自己「有什麼人需要我幫助」。

第五型：專家（The Specialist）——我需要理解事物

專家渴望探索事物並獲得廣博的知識，他們的核心故事是「唯有了解來龍去脈，我才能感到安心。我必須找尋資源和收集知識」。他們非常用功、觀察力強又細心，但過於理智，所以冷漠又孤僻。他們的主要缺點是，時間和精力他們只留給自己。他們活在個人的世界中，專注於思考和分析，所以不能忍受他人的要求，更沒耐心聽人說話。他們應該問自己「為什麼我沒有心力去處理預期外的情況」。

第六型：懷疑論者（The Sceptic）——我得確保自己的安全

懷疑論者非要需要安全感和歸屬感，他們的核心故事是「我得確保自己的安全，因為這世界太危險了」。他們善於察覺潛在風險，並做好最壞的打算。對於值得信賴的人，他們也會非常忠心。但由於他們的小劇場太多，所以容易多疑和焦慮。他們最大的缺點是膽小。他們應該多問自己「為什麼事情還沒發生，我卻老是自己嚇自己」和「如何才能培養堅定不移的信念」。

第七型：遠見者（The Visionary）——我要體驗人生

他們渴望體驗人世間的大小事。他們的核心故事是「我要體驗人生，這個世界充滿了各種未知的事物。愈多體驗、愈多刺激，我就能避免痛苦」。他們善於發現機會，也能看見生命的各種變化與走向。可惜的是，他們容易在精神上暴飲暴食，總想要貪圖更多的體驗。其實，這是為了要逃避某些痛苦或不快，包括該承擔的責任。因此，他們應該多問自己「我用夢想和體驗來逃避什麼」。

第八型：挑戰者（The Challenger）——我要變成強大而有主宰性

挑戰者想成為主導一切的強者。他們的核心故事是「我不能軟弱，我要自立自強、掌握人生。這世界非常殘酷，只有強者才能生存」。他們總是直言不諱、暢所欲言，也勇於挑戰對手。他們的缺點是控制欲和權力欲太強，只要言行被掌控或是受到不公正的對待，情緒就會大爆發，更痛恨被人當成是弱者。他們應該多問自己「為何我會害怕事情沒有按自己的方式進行」以及「為什麼我要努力變強大」。

第九型：和平者（The Peacemaker）——我的願望是世界和平

和平者希望社會一片祥和，也會避免與人發生衝突。他們的核心故事是「只要周圍的人好好的，我就會平安。每個人都需要被傾聽和尊重」。他們個性隨和，凡事都順其自然。然而，只要遇到蠻橫無禮的人，和平者就會突然爆炸，因為他們壓抑太久了，總是不肯面對內心的沮喪和不滿。他們的主要缺點是懶惰，不願面對真實的自己。他們樂於接納所有人，除了他們自己。當衝突爆發時，他們應該要問自己「我不為自己發聲，就真的天下太平嗎」。

了解這些類型後，你應該會發現，當中幾項有自己的影子，對於其背後的動機，也會任產生些許共鳴。請記住，九型人格區分的標準不是行為，而是動機，而且當中有一個最能引起你的共鳴。這個核心動機是你的生命主軸，是固定不變的。除此之外，我們的主要人格類型也不會改變。然而，我們可以改變對自己人格類型及其陰暗面的了解。你可以在線上進行綜合評估，以準確地判定你的核心九型人格類型，請搜尋「九型人格」就能找到各種資源。

反類型

如果你沒有對任何一種動機產生共鳴，那是因為你沒有意識到自己最真實的動機，又或許你對自己並不誠實。你應該是九型人格中的「反類型」，也就是說，你刻意違背自己的本能或核心動機。以下是九型人格的反類型：

第一型（反完美主義）：不管個人形象、不控制情緒，公開表達憤怒。

第二型（反助人者）：想要被照顧，但又不願依賴他人。

第三型（反有力競爭者）：假裝自己沒有虛榮心，所以刻意表現謙虛的樣子。他們很在意旁人對自己的評價，但不想被發現。

第四型（反個人主義者）：長期隱忍內心的痛苦，不會公開說出來。

第五型（反專家）：了解自己的情緒，但會隱藏起來。

第六型（反懷疑論者）：刻意用行動來補償內心的恐懼，以證明自己很勇敢。

第七型（反遠見者）：全然否定自我，把生活都奉獻給他人，而不是享樂。

第八型（反挑戰者）：全力保護群體，而無視自己的主導權。

第九型（反和平主義者）：生活非常充實，卻不知道自己是誰或內心深處的渴望。

請記住，九型人格無關行為，而是動機。

當初我去上這門課時，培訓師要學員猜測彼此的人格類型。我們都深信自己的判斷不會錯。令人震驚而慚愧的是，原來我們都不了解彼此。培訓師指出，根據外在行為來判定人格類型是錯誤的做法。說到底，只有當事人才知道自己最真實和最深層的動機是什麼。有些作家會分析名人的人格類型，但卻不了解對方的深層動機。他們是根據名人的外在行為去猜想，其實不太可靠。

另一個要記住的重點是，你的本質不等於你的人格類型。因此，做完測驗後，請不要開始說「我是幾號人」（否則你會愈來愈偏執）。這不是九型人格的用法。它是為了幫助你了解自我所依附的信念，有了它們，你在這個世界上才會有安全感，才會感到自在；而九型人格是為了幫助你擺脫這種固著，如此一來，你才能成為更真實的自己。透過那個人格類型，你因此變得更加平衡和完整。因此，做完測驗你可以說：「我跟某型人格有共鳴。」

找到你的類型和動機後，就可以開始探索自己的情緒觸發點和成長議題。一般說來，你的核心人格類型不會變，但在意識的層次可以變。與其盲目地被潛意識的動機和觸發因素所驅動，不如將它們帶進有意識的覺知中。然後，你可以選擇以不同的方式行事，而不是讓它們操縱你的人生。而且，你也不會再為自己的行為動機和當下的狀態感到困惑。

課間練習↓找出生活中潛藏的動機

思考以下問題：

- 哪種人格的動機最能引起你的共鳴？
- 哪些自我修正的問題符合我的情況？
- 你顯露的缺點是什麼？
- 如何才能讓你的性格更加平衡？

關係中的潛藏動機

談到約會、感情和友情時，我們必須注意以下的潛意識動機和模式，它們可能造成不健康的關係。

愛的迴避：「我其實很想拒絕」、「我怕你會傷害我」

在一段關係中，最揪心的階段，就是愛的迴避。交往後，一旦對方想靠近你、想要更親密的關係時，你就會開始疏遠、避開對方；或許是因為討厭他，或許是感到「被困住了」。最終，對方會注意到，你無法付出更多感情，所以決定抽身離開。然而，這可能會觸發被遺棄和孤獨的感覺，於是你決定做最後的掙扎，看看能否讓對方留下來。所以你會再次挑逗對方、跟對方調情。更確切地說，你會說更多對方想聽的話，甚至向他求婚。這種瘋狂的循環始於以下的潛意識動機：

- 我必須跟這個人約會，他是當前條件下最好的對象。
- 我不能拒絕對方的愛。
- 我不想要孤單地生活，但我真的不喜歡他。
- 這個人條件看起來不錯，我應該要珍惜對方。
- 我渴望有人愛（或是做愛），但不想跟他們進入一段關係。

有位導師教我，約會時，要把激情的強度從十調到一，所以前幾次約會時絕對不能上床！放慢速度，花點時間去了解對方，接著問問自己：

- 我真的喜歡他嗎？或只是想逃避孤獨或生活中的壓力？
- 我真的有被他吸引嗎？還是我認為自己「應該」喜歡他，因為對方「條件很不錯」。
- 我害怕再不把握的話，以後就沒有人要我了。

吸引力是強迫不來的，它會隨著時間的推移而發展（所以我才要你放慢速度）。你不能刻意想辦法來愛上一個人，歷經許多感情的挫敗後，我才學到這個道理。就算對方是好人、收入穩定且外表迷人，你也無法強勉自己對他產生戀愛的感覺。

我以前認為，等到結婚或穩定交往後才發生性行為的人都是假正經。但在經歷過許多感情的挫折後，我才認為這種做法有其明智之處。正如有位導師教我的：性就像核反應；為了安全起見，它需要有堅實的硬體設施，否則會產生危險的輻射性落塵。

在當前歐美國家的性愛文化中，伴侶總是先發生性行為，然後才開始有深入的對話。有一項大規模的研究發現，有百分之六十至八十的大學生有「約炮經驗」。[1]為已婚人士設計的偷情網站 Ashley Madison，在二〇二〇年擁有七千萬名用戶。[2]文化學者研究了美國鄉村樂、流行樂和 R&B 排行榜前十名的一百七十四首歌曲，發現有百分之九十二的歌曲談到性器官和性。[3]西方社會應該是默許了約炮行為。

讓我們面對現實吧，現代人對性的態度已經太隨便了。在發生性行為前，我們應該要更親密地了解彼此，建立深厚的信任與共識，情感才能穩定發展。我們應該有時間去思考對一個人的真實感受，並確認對彼此的期望和界限，才不會陷入曖昧不定的關係。感到孤獨、渴望擁有他人的陪伴時，請記住：不快樂的單身總比不快樂的婚姻好。許多人都因深陷感情和婚姻的風暴而痛苦不已。

迴避愛的潛意識動機還有一種是「我想談戀愛，但害怕受傷」。這是因為過去的某些創傷：被父母拋棄或是遭逢喪親之痛。有些父母太專橫、有些太溺愛小孩，有些家長只想炫耀孩子的成績，在這些情況下，孩子的身心就很容易受創，更不要說情感、身體或性方面受到虐待。因此，這些受害者就很害怕跟人家有親密關係、連結感，更不想許下承諾。對他們來說，就會無意識地把愛當成危險的事物。為了跳脫這些限制，他們最好去尋求專業的協助。

愛的成癮：「我需要他」

有些人總是對愛需索無度，深怕被冷落，哪被被對方虐待也好。許多電影都會美化這種關係，所以主角都會大聲喊出：「沒有你我活不下去，我需要你！」事實上，這些人是把它當成解決痛苦和逃避自卑的特效藥，而不是真心愛對方。創傷研究者派雅・梅樂蒂解釋說，有一些人一開始被對方的優點或魅力所吸引，於是產生戀愛的幻想，內心的渴望不斷高漲，於是對愛上癮。[4]如此一來，他們就會從生活中面臨的痛苦（例如自卑或未滿足的需求）得到解脫。

當中有些人無法面對現實，其實要不到對方的愛，也無法建立關係，所以只能活在幻想中。對愛成癮的人，就會變得更加渴望愛，並忽視了伴侶的實際性格（他們通常與愛迴避的人交往）。最終，愛成癮的人才意識到他們的理想伴侶是不存在的，幻想破滅，接著進入戒斷的不良反應。他們會沉迷於挽回伴侶的心，甚至報復對方，找其他人來彌補破碎的自尊。

我的客戶維若妮卡來自斯洛伐克，她也是頂尖的人生教練，四十多歲，身材非常健美，性格樂觀又開朗。她人生中的大部分事情都很順遂——除了和男友的關係，對方總是批評她：「妳太樂觀了，我不喜歡這樣。」他對她愈來愈挑剔，也更加疏遠。我告訴維若妮卡：「聽來他好像不喜歡妳真實的樣子。妳為什麼會跟這樣的男人在一起？」她說她愛他。「但據所妳說，我懷疑他是否抱有同感。」她哭了起來，現實終於擊中要害：「我認為他沒有。」我們談話後不久，維若妮卡就準備和男友分手。

下一次談話時，她突然變得很開心。「他完全變了。之後他求我留下來，還帶我去一家非常昂貴的餐廳用餐，甚至送我一只美麗的戒指！」但我絲毫不相信。我向維若妮卡解釋了愛成癮和愛迴避的模式。我相信她男友正在承受被拋棄的痛苦；他不想獨自一人，但也不是真心想和她在一起。所以我告訴維若妮卡：「除非他有更深刻的體認，否則又會回到之前的樣子，再次對妳挑剔。」果不其然，事情就這麼發生了。幾週之內，他又回到老樣子，繼續批評維若妮卡。他甚至要求歸還那只戒指。

最後維若妮卡對他說：「閃邊去吧！」值得慶幸的是，納若妮卡終於看清了愛成癮和愛迴避的模式並擺脫了它。她終於意識到，自己在不知不覺中陷入泥淖；她不再夢遊於自己的幻想中了。

依賴共生：「我可以讓他變好！」

依賴共生者會試圖幫助或掌控有身心狀況或成癮行為的親友，最終對雙方都有害。當他們的嘗試失敗時，就會變得沮喪和絕望。不幸的是，我和一位老朋友勞倫斯也陷入這種模式。他患有憂鬱症和創傷後壓力症候群，也在童年時期經歷了許多創傷。他有段時間靠社會救濟金過活。

我們同病相憐，所以我盡自己所能地幫助他。我帶他去撒瑪利亞會（Samaritans）接受諮商，說服我的治療師免費治療他，帶他參加十二步驟治療團體，借他各種關於創傷復原的書籍，聽他永無止盡地抱怨他的女友和他的問題。我覺得我什麼都做盡了。

像許多依賴共生的人一樣，我變得愈來愈沮喪，因為勞倫斯並沒有好轉。我所做的一切對他都沒有產生任何影響。他抱怨撒瑪利亞會不夠專業，因為「他們不是心理學家」；他也討厭參加治療團體，因為「每個人都在抱怨」。我們一起出去時，我總是感到精疲力盡。我後來才終於意識到：他正在吸走我的能量。最終，我的治療師不得不對我說：「尼克，別再試圖治好勞倫斯了。你救不了他的。」他是對的。我對他付出太多了。我不得不將勞倫斯排除在我的人生之外。

誠實地問問自己，你是否刻意把某人放入你的生活中？此人是否有嚴重的成癮或功能障礙行為，而且你認為自己有辦法改變他？就算你是專業的助人工作者也要小心，不要承擔過多不必要的責任。研究人員估計，大約百分之四十的治療和訓練成果歸因於外部因素（在教室外發生的事情），也就是超出了助人者的控制範圍。[5]

你或許沒有適當的技能和知識來幫助親近的人，即使有，你也不是適合出手的那個人，因為你與他們有太多連結。最好的方式是轉介給專業人士。

需索關注的小孩：「我需要大家的認可。」

我自己也陷入這個動機陷阱，其根源是自卑心理；覺得自己不夠好，所以需要他人的認可。你在某些人面前會下意識地像個孩子，尤其是你視為權威的人。被這種動機支配時，我們會變得想討好他人，表面上都說好，但心裡想拒絕。只要對方有所批評或表現不滿的樣子，我們都會受到極深的傷害。

我以前找過一位治療師，他人非常好，但只要他給我負面的回饋，我好幾天都會心情不好。一開始我想不通為什麼，直到有天我明白了：我們的互動就像父子一樣。我真的很尊敬他，把他當成父親，他說的話我都視為真理，所以不敢反駁或表達自己的看法。我意識到這種狀態後，有向他提出我的感覺，他也覺察到這件事，但我們的互動模式並沒有改變。我的情緒仍然會受他影響，而且在他面前像個孩子。最後，我提議結束我們的治療關係。

此後，我一定會確保我的學員不會把我視為偶像、心靈導師或大師，而只是一個對等的協助者。事實上，我的學員都知道，我總是坦誠地分享自己的缺點以及過去犯的錯誤。他們都覺得很有趣，因為大部分的助人工作者總會有所保留。

若你無法打破這些既定的相處模式，也許就需要離開這段關係。有些人會引發出你最糟糕的一面，因為你和他們的關係類似於以前經歷過的創傷模式。他們的行為讓你想起傷害過你的人（精神分析分家稱之為移情作用）。這時雙方帶著善意分開，就不會再讓彼此承受痛苦。

有一些人會下意識地想要比其他人更強或更好，所以會扮演批判型的父母角色。我以前的朋友和教練會認為這是他們「教育」我的方式。如果你發現身邊的人常常批評你，就問問自己「這是強勢父母會說的話嗎」以及「我在這個人身邊像幾歲的人」。只要他一出現，你就覺得自己很小，那你們就是類親子關係。對方或許有意無意間在創造一種有毒的親子關係。因此，你應該明確表示，自己不喜歡被當成小孩教訓。

英雄小孩：「我可以拯救我的家庭！」

有些人想要拯救自己功能失調的家庭，以此來激發內心深處的動機。然而，這是徒勞無功的。這樣的人就像工作狂或過度渴望成就的人，他想恢復家庭的榮譽或形象，並在潛意識中相信，它會讓你更有價值和更受人喜愛。但根據我個人的經驗，就算你得到內心深處渴望的愛和關注，也不代表人生成功了。當你功成名就時，也必須問問自己，旁人只是欣賞你，還是想借你的成功沾光。他們是因為你的本質而愛你，還是因為你所擁有的事物。接下來，讓我們來看看你的目標，以及你想要實現他們的原因。此外，我們會談到更多功能失調的關係。6

課間練習➘成長行動：檢視人際關係裡的動機

思考以下問題：

- 上述相處的模式是否出現在你的人際關係中？
- 如果有，原因是什麼？
- 產生什麼後果？

你有那些替代的相處方式？

人生目標背後的動機

我的客戶亞伯特是成功的銀行家，年薪有一百萬英鎊。當他來找我時，宣稱人生只有一個目標：年薪二百萬英鎊。若只是為了致富來找我，一般我是不會接的（我對此議題沒什麼興趣），但我很喜歡亞伯特，我感覺彼此很投緣，所以我才破例。在我的教練課程中，「找到目標背後的目標」是非常重要的。很多教練會直接幫助客戶朝著表面上的目標前進，畢竟大部分人都講求成效。但我更重視自我探索和個人成長的那一面。所以，我問亞伯特：「年薪達到二百萬英鎊，能為你帶來哪些成果？」他回答道：「嗯，我想是一種滿足感，還有財富自由。」

賺更多的錢、改善經濟狀況，這是天經地義的事，但以亞伯特的年薪來看，一百萬英和二百萬英鎊差別不大，不會對他的生活品質產生太大的影響。二〇一〇年，心理學家丹尼爾．康納曼（Daniel Kahneman）和經濟學家安格斯．迪頓爵士（Sir Angus Deaton）整理了來自美國一千名居民的四十五萬份幸福感問卷調查。當年他們發現，年收入超過七萬五千美元的話，金錢就對個人的幸福感沒影響力了。（這個數字在二〇二一年為八萬三千三百五十美金。）[7]

不足為奇；金錢可以帶來很多好東西，像是豪宅或名車，但不能保證你會有真正的朋友、歸屬感、健康的人際關係以及充實的人生意義。亞伯特不時提到，他不喜歡回家，因為他和妻子感情不睦。「你和太太的關係看來不是很好，我想你是不是藉由工作來逃避家庭？」亞伯特承認了這個狀況，但他害怕衝突，所以對此無能為力。他不想獨自一人，但也不想和妻子綁在一起（此為前面提到的愛的迴避）。亞伯特出於錯誤的動機去追求目標。於是，我沒有跟他一起討論金錢的問題，而是與他一起探討婚姻狀況，包括兩人為何要在一起。他因此更加明白，再多的錢也解決不了問題，他只想要遠離妻子。

我的另一位客戶凱薩琳是個成功的企業家，她想要讓她的企業年營業額從八位數增加至九位數。當然，我會鼓勵客戶充分發揮他們的潛力。為了提升績效，凱薩琳告訴我，她需要學著下放權力和交付任務，這樣才能夠拓展業務規模。她的目標之所以無法實現。主因是猶豫不決、難以信任他人。凱薩琳害怕事情出錯，員工表現達不到她的標準，進而證明她沒有領導能力。從九型人格來看，她是有競爭力的成就者，所以非常重視自己的形象。

我問她，她最在意誰對她的看法，她就回答說：「我猜，是我自己。」她必須對自己證明存在的重要性。她在青少年時期就感到人生很空虛。她身體貧弱、家裡沒錢、也得不到愛，所以沒機會發揮自己的潛力。從那時起，她就覺得需要「證明自己」。

實際上，她無法取得想要的成功，正是被這種偶像包袱所壓住。她如此關注自己的表現，讓她變得有點像「控制狂」。她什麼事都要管，連基層員工的業務都不放過。但若想要達成年營業額九位數的目標，她就應該把心力放在更高階的管理工作。她了解自己的潛意識動機後，也感到非常震驚。

亞伯特和凱薩琳的案例讓我想起了在NLP訓練課程中聽到的故事。一個美國商人在度假時遇到一個不起眼的漁夫，對方看來很享受生活，商人便問道：「你在這邊做些什麼呢？」漁夫說：「沒什麼，白天釣幾條魚，曬曬太陽。到了晚上，就煮魚做晚餐，在星空下和老婆孩子一起吃。」商人一臉茫然地問：「為什麼不多捕點魚呢？」

「然後呢？」漁夫問。

「接著你可以買艘更大的船，捕更多的魚。」商人回答道。

「然後呢？」漁夫問。

「接著你就買得起一支船隊，請幾十名甚至數百個漁民為你捕魚！」

「然後呢？」

「於是你就能擁有一家捕獲數百萬條魚的跨國漁業公司，每年為你賺取數百萬美元！」

「然後呢？」

「終於你可以退休，每天釣幾條魚，曬曬太陽。到了晚上，你便可以在星空下與妻子和孩子一起用餐！」

這代表了我們大多數人的想法。首先，必須要賺更多的錢或達到一定的地位，才能擁有真正想要的東西。小時候我總是很困惑，為何有那麼多人夢想在陽光明媚的地方退休。我問叔叔：「為什麼人們不乾脆現在就搬過去？」一直到今天，我對這個問題一直沒有滿意的答案。也因為如此，我才在二十九歲那年離開倫敦搬到陽光明媚的大加那利群島；不用等到六七十歲。

對大部分人來說，人生總有階段性任務：起點、目標A、接著達目標B。在亞伯特的案例中，目標A是賺取二百萬英鎊，並下意識地認為，目標B（更幸福的婚姻）會跟著實現。但是，既然你能直奔目標B，那為何要在目標A浪費時間？

在我的人生中，我想要有個女朋友並變得富有和成功（目標A），這樣就能感到被愛和有價值（目標B）。但是，與其追求那些外在目標，我不如直接在目標B上做一些努力，包括提高自尊。有女朋友和變得超級富有，這兩件事不完全在我的控制之下，就算實現了，我的自尊還是一樣脆弱。無論是遇到生命中的摯愛，還是我的事業變成「新創獨角獸」（價值十億美元的企業），都不全然是我所能控制的，即便我非常有信心它會成功。我唯一能保證的，就是努力培養自信心和內在價值感。

小結

大多數人的行為背後都有潛藏的動機；它們可歸結為九種類型。這些動機會使我們更容易受到某些誘因和惡習的影響，像是憤怒、驕傲、欺騙、嫉妒、吝嗇、恐懼、貪婪和漠然。但透過本章的練習和說明，你可以提高自我意識並擺脫這些惡習。潛藏的動機會使我們與他人的互動陷入不健康的關係模式，像是愛的迴避、愛的成癮或依賴共生。

探索自己的深層動機是很有啟發性的，但需要很大的勇氣才能面對那些令人不快的念頭。真實能讓你自由。清楚意識到自己的行為，以及背後的動機，就不會再迷迷糊糊地過生活。潛意識浮上檯面後，你會更自由、更能決定自己的命運。

5

我最重視什麼？

了解自己的價值後，
做決定就容易了。

|

迪士尼王國的共同創辦人，洛伊．迪士尼（Roy Disney）

我常常覺得做決定很痛苦，因為我會陷入分析癱瘓（analysis paralysis）的狀態。我曾在店裡待了三小時，只為了在兩雙鞋之間做出決定！你應該也遇到過類似的情況，比如思考簡報要用什麼字體，或是更嚴重的抉擇像是離婚、離職。

我還在公司擔任執行長時，有位導師提醒我：「當主管只有兩種決策可選：糟糕的和災難性的。」他的意思是，沒有完美的決定，只有比較好的那一個，無論選擇哪個，都會有缺點。同樣，人生也是一連串的選擇：食、衣、住、工作以及下一個行動，都會令人不知所措。大多數人都想過好日子，但又要如何做出正面而積極的選擇呢？只要多問「我最重視什麼」，就能自我引導，快速解決難題，找出自己的優先考量和需求。

找出核心價值和優先順序

許多客戶來找我尋求幫助，想要找到清楚的職業方向和人生目標。我會先讓他們思考自己的核心價值和優先順序，因此會問：「你最重視什麼？」接著展開他們的自我發現之旅，選項包括愛、家庭、快樂、健康、助人、創造和自我表達等。然後我請他們將這些價值觀轉變成優先順序。

生活會變得不快樂，是因為我們沒有按照自己的首要價值觀和考量而活。所以我會跟客戶一起集思廣益，挑出符合其優先順序的角色和職業，接著請他們進行評分（滿分十分）。客戶因此更清楚了解到，哪個角色才符合他們的本色。

Ikigai是一個日文單字，意思是「存在的意義」，它涵蓋了四個基本領域：我擅長什麼、我熱愛什麼、這個世界需要什麼以及我能獲得的報酬。我在此稍做修改，並提出額外的問題：

第一：我擅長什麼？

包括特定技能，如程式設計、跑步或唱歌，以及通用才能，像是創造力或獨立思考。從特定技能能延伸出更多技能，比方說程式設計師就善於解決問題，並熟悉最新的科技發展。

第二：我熱愛什麼？

如幫助他人、解決問題、學習新事物、自助旅行、手工藝、從事科學研究、創作藝術或做家事。

第三：我最重視什麼？

「這個世界需要什麼」，這個問法比較廣泛，我的客戶對此常感到很困惑，所以我改換成：你最重視什麼？這有助於探索自己的核心價值，包括美感、寬容、慈悲、自由、真實、歸屬感、動物保育、正義……不勝枚舉。找出核心價值，並加以評分、排定優先順序。

第四：我可以得到什麼報酬？

我有許多客戶答不出這個問題。這需要一點創意。我以前沒想到人生教練也是一種正式的職業，還讓我得到很好的報酬！令人驚訝的是，現今有許多收入高又新穎的工作，以前大家可想像不到，例如電競選手、網紅、美食YouTuber、樂高積木大師等。因此，擺脫過時的思維，你不一定要長期待在辦公室或工廠，因為世界上有許多工作可供你探索。當然，有些職業的競爭比較激烈，需要天賦、奉獻精神和毅力才能脫穎而出。正如你不會在一夕之間變成成功的演員，磨練演技和圈粉都需要時間。

第五：貫穿核心的主題是什麼？

回答這些問題後，你應該能看到你人生的主題浮現出來，並將這些點串連起來。

若你能答以上的問題，那麼根據Ikigai準則，你已經找到了人生目標了！我的培訓師揚尼克・雅各布（Yannick Jacob）擁有碩士學位，他專攻存在主義式的教練課程。他認為，除了一般工作外，我們也能從其他領域獲得Ikigai，像是當志工、參加社團或經營副業。但我認為，考量到生命短暫又不可測，每天花八個小時在一份貧乏的工作，實在是浪費生命！

結束公司營運的勇氣

大多數人挑選工作時，會以賺錢或自己擅長的事物為首要考量，但很少人會選擇自己最熱愛或最看重的志業。Y Combinator 創投公司的共同創辦人保羅・格雷厄姆（Paul Graham）說：創業靠的是鬥志。

當初我從零到有創立「禮物遊戲」公司，營運三年半後，我決定休息半年。回到公司後，我發現自己沒有鬥志了，於是決定結束營運。當時我連生活都沒有認真在過，更不用說是公司了。現在我才意識到，當時我渴望人生有意義和目標，卻完全沒有得到滿足，因而感到非常沮喪。

放棄需要勇氣，因為當時公司的資金還足以再撐一年，在我精神崩潰前，公司應該有望達到損益平衡。但引用投資專家麥可・貝瑞（Michael Burry，電影《大賣空》主角的本尊）說：「我對賺錢有點改觀了。它扼殺了生命中最重要的部分：那些原本跟商業毫無瓜葛的部分。」

公司的投資者和支持者非常失望，其中一些人還是我的朋友。既然我缺乏熱忱，就不可能把公司經營得好，繼續做下去對大家都沒有好處。我以自己的心理健康為優先考量，所以做出此艱難的決定。自那之後，我不斷投入療癒和成長的練習，於是更了解自己了。我還化解很多童年的創傷，那是我人生最沉重的枷鎖。

在那之後，我意識到我真的很喜歡幫助別人，而且也擅長於此。這個世界需要這種工作，而我能從中獲得報酬。可惜的是，許多企業家缺乏Ikigai的素養，沒有去深思這個世界需要什麼。除了市場考量外，他們還應該關切世人的內在需求。公司不見得要砸大錢做廣告，但得讓消費者感到被關心和被療癒。公司得創造愛和連結感，讓大眾不再感到孤立。所以我後來才創立了FDBK交友軟體。

我想要幫助單身的人們，所以我設計了友善的自我介紹模板，以增加他們找到伴侶和好友的機會。[1]英國有很多寂寞的人。二〇一八年，研究人員訪問了五萬五千多人，當中百分之四十的年輕人都曾有孤單的感覺，尤其是十六至二十四歲、三十五至四十四歲這兩個族群的人，更常感到寂寞難耐。[2]這無疑是全國性的流行病，是值得政府重視的問題。研究人員還指出，孤獨與身心疾病有密切的關聯。

除了寫作、當人生教練和經營公司，我最喜歡的活動就是玩即時戰略遊戲《終極動員令：將軍》。但我沒想過要成為電競選手，因為對我來說，這活動不夠充實、也不大有意義。正如社會不會鼓勵人去當毒販或小偷，「做你喜歡做的事」不是理想的謀職建議，所以你應該找到「對你來說最重要的事」。

除此之外，你也應該善用優勢。自然界的生物都以擅長的事情存活下來。海狸會蓋水壩、蜘蛛會造陷阱捉蒼蠅、變色龍懂得融入自然環境。你呢？你的內在優勢和劣勢是什麼？你天生最適合的任務是什麼呢？領導、創新或解決問題？

一位治療師曾經問我：「為什麼鳥兒會歌唱？」我想了想回答說：「當然是為了交配或發出危險信號。」但即使沒遇到這些情況，出於天性，鳥兒還是會唱歌。世上有八十億個人，每一個人都有自己獨特的天賦、怪癖、夢想和想法。有時，提醒自己「我不特別」確實能減少自大的心態，但過頭的話，就會忘記自己獨特的才能和優勢。在這世上，你是獨一無二的存在，哪怕你有雙胞胎兄弟。因此，因此，花點時間去思考自己的天賦才能，你就能找到自己的定位。

課間練習↓找出人生目標

透過以下問題，試著找出更多人生意義和目標：

- 哪些事情令你感到熱衷？
- 誰會受益於你或需要你的幫助？

- 你最想為誰服務，原因為何？
- 你的技能可對社會產生哪種影響？
- 在人生中，什麼對你最重要？
- 你想留給後人什麼？
- 和你一樣的人面臨哪些類似的挑戰？
- 內心的「智慧小語」一直在對你說話，但你不敢聽？
- 若你擁有世上的財富，你想為社會做些什麼貢獻？
- 四十年後，你希望因什麼而聞名？

價值觀

「寶藏在哪裡，你的心就在哪裡。」

這句話的意思是，你投注時間和金錢的地方，就是你人生的優先事項。舉例來說，以前有個上班族想請我當教練，但詢價過後，他說負擔不起這些費用。接著他又說，他準備去南美洲旅行、還因此買了一台新的單眼相機。反正他開心就好，但我不禁猜想，對他來說旅行和享樂是先於個人成長。所以他不是負擔不起教練費用，而是把它擺在次要的考量。足球俱樂部每年投入數千萬英鎊去養明星球員，因為他們想拿總冠軍想瘋了。你的時間、金錢和精力投注在何處，便反映出你的價值觀。

問問自己：「我最重視什麼？」看看你的行為是否符合你的價值觀。當你感到不滿足、對生活提不起熱情時，可能就是兩者產生矛盾。

課間練習↓檢查你的時間分配模式

首先，按順序寫下你看重的事情，例如健康、家庭、玩樂等。接下來，算一你每週花多少時間在睡眠、工作、運動、人際關係、休閒和追求夢想和目標，並用以下算式來算出它們所佔的百分比：

（某活動的小時數）÷ 168 × 100

舉例來說，我每週花七個小時運動，放入算式為7÷16×100，得出的數字為4.16，也就說，運動在我生活的佔比還不到百分之五。做完這個練習後，再看你是否有辦法做出一些調整，把時間多分配到你所看重的事情。

有益身心健康的價值排序

年輕時，我的優先順序如下：工作、金錢、工作（我沒寫錯）、健身、社交、睡眠。我也知道這不是健康的生活方式。我媽以前常常警告我：「你這是蠟燭兩頭燒。」但當年我太自傲了，心想，這沒什麼大不了的，反正就做到死而已。直到我真的筋疲力盡、還生了一堆怪病才有所覺悟。健康時，我們每天都有成千個願望，但生病時只有一個願望：我想變健康。現在我非常重視睡眠和休息。

過去，工作對我來說非常重要。首先，認真工作，經濟才有保障，畢竟我是快破產的企業家。獲得下一輪的資金，我就能支付房租、一日吃三餐，不用窩在朋友家的沙發上吃罐頭。其次，只要公司業績蒸蒸日上，就能證明我是菁英，不再是窩在地下辦公室的程式設計師，或是被排擠的怪孩子。我將工作與自尊和歸屬感混為一談。第三，我不想讓任何人失望，特別是我的導師和投資者。在那段時間，我覺得我不應該休假，這樣才能證明自己的拚勁。

服務他人能解放自我的束縛

如諺語所說的，只為自己而活的人，就像蓋在沙灘上的房子一樣，只要苦難的風暴來臨，就會迅速倒塌。相對地，超越個人立場、為了更大的目標而活，房子的根基就會穩固、堅如磐石，面對再狂烈的風暴也不怕。在十二步驟戒酒會中，有一句話是這麼說的：「服務他人能解放自我的束縛。」這是一句簡單而深刻的格言。意思是說，為他人服務，就能將注意力從自己身上移開，並且用更寬廣的角度看待自身的問題。

想一想，你的恐懼和怨恨都圍繞著誰，答案很好猜：你自己。

今日社會比較強調個人價值，每個人都被鼓勵要專注於自己的一切事務，包括提升自尊、追求自我發展與自我賦權，還要懂得自愛、自我實現與自我滿足。矛盾的是，為了成為最好的自己，其實我們不能只想著自己。舉例來說，為了擺脫憂鬱心情，有時我們不要再鑽牛角尖，而是去看看外面的世界。心靈需要外界的其他資源，因為大腦是個社會性的器官，只要多與他人互動，就能茁壯成長。

寫這本書時，我正在搬家。我突然意識到，我的財產以及在地球留下的足跡都是暫時的。幾天後，專業的清潔團隊到來，抹去我存在過的任何痕跡。

這個房子的下一個租戶不會在乎我是誰。我也不認識之前的房客。然而我住在這裡時，總是把這個公寓當作永久的家。同樣地，我們對人生也是這個態度。活著時我們總以為會永遠存在，但事實上，我們只是穿越這個特定空間和時間的旅客。

遊客有兩種類型。第一種是體貼型的，他們會清理自己弄髒的地方，不會破壞自然環境或歷史文物，還會為下一位訪客打理好客房。他們尊重當地的律法和習俗，也會入境隨俗。沿途中看到迷惘的遊客時，他們也會提供實際的協助和指引，包括從當地人身上學到以及自己觀察到的習俗和資訊。

第二種遊客自私又不體貼。他們製造髒亂、不尊重當地人。看到其他遊客有困難時，也不會停下來問對方是否需要幫忙，反而是繼續走、假裝沒看到。就算對方受傷了，他們也只會假意關心。這些遊客應該要被該國當成拒絕往來戶。

我們都希望成為體貼的遊客，但也常只想到自己而感到愧疚；即使看到有人在苦苦掙扎，我們也常認為「別人會幫忙」。在生命中的某個時刻，我們都當過第二種旅行者。

無私的海豹隊員

海軍士官馬克斯・盧崔（Marcus Luttrell）隸屬於美國海豹部隊，他與第十小隊參與了紅翼行動（Operation Red Wings），負責偵察塔利班民兵及其領導人所在的一處建築物。然而，在乘坐直升機進入目標區域幾個小時後，盧崔和他的小隊遭到埋伏。他們被猛烈炮火攻擊，在寡不敵眾的情況下，不得不撤退。

在他的書《孤獨的倖存者》（*Long Survivor*）中，盧崔分享了「紅翼行動」期間發生的事情的個人描述。由於多人受傷並受到包圍，小隊陷入嚴重的困境，全部的人都試著想突圍，但彈藥開始不足。

盧崔的小隊隊長麥可・派崔克・墨菲（Michael Patrick Murphy）上尉多次試圖致電作戰總部，但阿富汗庫納爾省的山區太崎嶇，阻擋了通訊信號。因此，墨菲上尉做出了勇敢且無私的決定：他離開掩護區，在重重炮火中爬上懸崖頂端，接著用衛星電話通知總部：他的小隊急需支援。

成功完成通訊後，他繼續與敵人交戰，但不幸中彈致死。墨菲上尉為隊友犧牲了自己的生命。他願意為朋友捨命，沒有比此更偉大的愛了。我們所有人都能以墨菲上尉作為榜樣：與其只為自己而活，不如為更偉大的目的獻出生命。美國海軍的格言正是拉丁語「不為己而為國」（Non sibi sed patriae）。我們可以將它稍微修改為「不為己而為人」（Non sibi sed aliis）。在偉大的目的或使命召喚下，我們為了服務他人而活。如果你的人生連一丁點這樣的意義都沒有，那肯定會變得絕望，最終變成憂鬱的人。

找出超越個人的任務與目標

有位苦難重重的年輕學生向睿智年長的老師學習快樂的祕訣。老師遞給他一杯加了一匙鹽的水，然後問他味道如何，學生說有點苦。接著老師帶著學生散步到一座大淡水湖，又倒了一杯鹽進去，並請學生喝了一口湖水。

老師問：「水的味道如何？」

學生回答：「清爽。」

老師又問：「你有嚐到鹽的味道嗎？」

學生回答道：「沒有。」

老師笑著說：「鹽代表人生中經歷的痛苦，而個人嚐到的苦味則取決於要把這些事件放進哪些容器，看是杯子或一座湖。如果你不想要感受那麼痛苦，就必須擴大你的人生觀，變得像這座湖一樣。」

「為什麼我單身？為什麼沒有人愛我？為什麼我晚上一個人獨眠？」這種念頭出現時，先停下來問問自己：「我生活只為自己或他人？」如果答案是前者，那難免會變得自私而自我中心，只專注於自己的問題。前面有提到，憂鬱是一種茫然的狀態，令人感覺自己無用、人生無意義又絕望，而且通常是由嚴重的壓力或焦慮所引起。這個問題有助於化解痛苦，為人生帶來更多意義，進而連結到遠大的使命和目標。

事實上，人類天賦療法的聯合創辦人之一伊凡．提勒爾說，憂鬱的人都是以自我為中心，其關注的焦點都鎖定在個人的問題，也因此過度內省。因此，擺脫憂鬱症的方法之一，就是讓患者的注意力往外轉，讓他投入運動、社交活動以及為人服務，這樣腦海中就不會只有自己。相對地，傳統的精神分析療法著重於內省和過去的創傷，正如伊凡所說的，這對個人情緒反而有害！

因此，當我感到悲傷、孤獨或恐懼時，我都會試著問自己：「我的人生使命是什麼？

是為了服務誰？」重新找到方向、調整生活目標，這是對自己最有益的方法。突然間，我個人的問題突然變得沒那麼重要了。為他人服務時，我會忘記自己的痛苦，甚至令自己感到興奮。雖然我已單身好多年了，但還滿自在的。我不再感到絕望，而是耐心等待那個對的人出現。就算我孤獨死去，也至少實現了為人服務的目標，過著有意義的生活。有趣的是，放下絕望、投入生活中，你會變得更迷人，不再耽溺在悲傷和自憐中！

研究顯示，有宗教信仰的人都比較快樂。[3]他們都覺得自己肩負著更高的使命，包括解救世人的痛苦。這些目標賦予他們人生的意義，讓他們超越個人的苦難。而且，他們的社群凝聚力比較高。他們經常參與公民和社區活動，展現其無私的一面。

在新冠疫情期間，大家都安全地待在家中，但外頭還有許多無家可歸的人。西伯恩格羅夫教堂（Westbourne Grove Church）的柴克雷（Chris Thackery）牧師和志工每天都準備了免費的餐點，好讓有困難的人有飯可吃。在恐慌症發作的隔天，我碰巧遇到了牧師，他做人謙遜又溫柔，時常關心他人。教會定期幫助無家可歸的人，不僅提供食物，還提供日用品和浴室，必要時也會幫他們申請政府的福利救助。

對於無家可歸的人，我們有時會給些零錢或或食物，但很少幫他們申請救濟金和提供安置的地方。因此，柴克雷牧師的付出令我非常敬佩。[4]

有信仰的人幸福感比較高，是因為他們較少以自我為中心，而是關注於更重要的事，包括為群體服務。幾千年來，宗教大師不斷教誨眾人，要以智慧為他人服務，像是「愛人如己」和「你們要給人，就必有給你們的」。二〇一一年，心理學家珍妮佛・克羅克博士發現，無私的服務行為能提升自尊、減緩憂鬱症狀。

當苦難的風暴來臨時，只為自己而活的人會更加痛苦，除非他有超越自我的使命。有些人認為，人生就應該活得輕鬆快樂，所以不想面對生活的苦痛。這種人生態度過於以自我為中心，只會讓人愈來愈憂鬱，覺得活著沒什麼意義。因此，我們不應該以快樂為生活的目標，因為快樂是短暫的。在一般人的生活中，充斥了失望、悲傷、生氣、害怕、羞愧、孤獨的感覺，就連自己所愛的人，也會遭逢痛苦、疾病和死亡。為了逃避痛苦的感覺，有些人酗酒、有些人會沉迷於一些體驗，最終釀成大禍。

退一萬步想，就算你得到想要的一切、體驗了所有的快樂，那下一步呢？錢、名聲、成就、威望你都有了，生活變成一台毫無意義的享樂跑步機（hedonistic treadmill）。一些超級成功的名人和流浪漢都有個共同點：毒癮。他們都缺乏足夠的人生意義和目的，只能透過追求快感來逃避存在的絕望。因此，找到超越個人的使命或目標，才能維持心理健康；無意義的存在感必會導致憂鬱症。

除了為他人服務，你還常常提醒自己，人生是有限的。

人生還有幾天？

英國作家塞繆爾・詹森（Samuel Johnson）寫道：「得知自己即將被吊死時，人的思緒會變得非常集中。」死亡是強大的動力，可迫使我們重新調整人生的優先順序。假如醫生告訴你，你只剩下幾年的生命了，你會想先做些什麼、放棄什麼？

我為學員設計了一個強大的練習法。我問他們年紀多大了。然後用這個數字與八十相減（二〇二〇年英國人的平均壽命）[5]，然後乘以一年三百六十五天。接著跟他們解釋：「理想的話，你還能活這些天數。」所謂理想的情況，是你沒有得癌症和心血管疾病，也沒有死於車禍或被蝴蝶餅噎死。依照這個算式，如果讀者你是三十歲，那麼你還有一萬八千兩百二十天可活。

得知這個數字時，學員通常都會驚訝到說不出話來，彷彿被告知患了絕症一樣。把死亡帶到他們眼前，他們就會醒過來，決定要好好生活，並在當下就做出改變、勇於挑戰生活的難關！想想看，這個數字每天都在減少，三年內就會少掉一千！這是一種粗暴的覺醒，逼迫你採取行動。監獄待久了也會覺得舒服，所以把這個練習當作是當頭棒喝的提醒吧！

人生到最後都有百分之百的死亡率，其實你已身患絕症，無需等待診斷。我有時會問自己這個問題：「如果今天是我在地球上的最後一天，我會後悔沒做什麼？」大家答案應該都很多。布朗妮．威爾（Bronnie Ware）是一名安寧護理人員，著有《和自己說好，生命裡只留下不後悔的選擇》。她的工作是陪伴患者度過最後的日子，她記下了一些最常見的人生遺憾：

- 我希望我有勇氣活得更真實，而不要老是在迎合他人的期望。
- 我希望當初不要那麼努力工作。
- 我希望有勇氣多表達自己的感受。
- 我希望可以和朋友們多保持聯繫。

• **我希望自己可以過得更開心點。**

如果你在明天死去，最令你感到後悔的是哪一項？你有多少次在辦公室熬夜、犧牲掉家庭和休閒的時間，也不去追求夢想和目標。我經常提醒我的學員：「如果你明天住院了，會出現的八成是你的家人和朋友，而不是你的老闆或客戶。」

我朋友的父親一生都在努力工作，當了多年的消防員後，他成功創立了一間顧問公司，與一些大企業、高階主管合作。不幸的是，他在六十多歲時罹患癌症去世了。他臨終前告訴我朋友：「我是個百萬富翁。但現在有什麼用呢？」他辛苦工作了一輩子，快到退休年齡，卻沒能享福。窮盡一生，我們都在追逐金錢、聲望，所以忽視了最重要和最難以磨滅的事物。在努力改善生活之餘，也要記得停下來聞一聞玫瑰的香氣，感激自己當下所擁有的。你能賺更多的錢，但永遠賺不到時間。

引用加拿大教士瑞布・馬泰利（A. J. Reb Materi）說：「很多人為了賺錢失去健康，然後又花錢來獲得健康。」我也為此感到愧疚。所以我時不時會問自己：「金錢真的比健康更重要嗎？」答案應該就不用再說了。

時常提醒自己「生命有限」

許多人找我指導時，總是猶豫不決，說「自己還沒準備好」。但根據我的經驗，沒有打鐵趁熱、當機立斷的客戶，都不會再上門來諮詢了。人們忙於工作，待辦清單上有一堆事。你今天突然想去運動，但明天或下週就可能又躺回沙發了。今天你來找我諮詢、想要有所突破，但幾週後又會回到老樣子。

其實，我一直很討厭年長的人對我說：「你還年輕，有的是時間！」我想大部分的年輕人也是這麼想的，然後一轉眼就四十歲了，做著一份可有可無的工作。事實上，我們誰都不知道自己在地球上的最後一天是何時。因此，沒有人有權對你說「你有的是時間」。這麼說不是要嚇你，而是要激勵你，讓你在今天做出一些改變。明天的事難以預料，無論你想實現什麼夢想、想改掉什麼壞習慣、或想跟某人道歉或告白，今天就開始吧。

不過，這些行動方案也不能太天馬行空，無論你是想攻讀博士、成為舞蹈家、選總統、寫小說、成為人生教練或專業的攝影師，都需要投入超乎常人的時間與精力。追隨夢想是好事，但也不可活在幻想世界中，把自己累得半死。當然，對於七號人（遠見者）

來說，「體驗人生」是很重要的。但你不可能同時做這麼多大事業，所以要先確定夢想的優先順序。一天只有二十四小時，除了花八小時睡覺外，你還要休息、放鬆、娛樂和建立人際關係，否則你會發瘋。記住這個黃金法則：當你選擇某事，就是間接在推開其他事情。所以你才要常問自己「我最重視什麼」。

對未來有所規劃，我們才能提醒自己生命有限。如果懷著永生的態度、只做一樣的事情，就難免會自滿和拖拖拉拉。相對地，對未來不抱持信心，活得好像明天就會死去，就不會想做出任何人生規劃。

有些人害怕孤獨死，所以總是渴望婚姻，但最後還是遇到不對的人。我的客戶蒂娜是名會計師，年紀大約四十出頭，伴侶對她很不好，但她並不想離開對方。她認為自己太老、沒時間再找新對象了。「這是我最後一次談戀愛！」她大聲地說。蒂娜太焦慮、太擔心了，深怕自己孤獨死，所以寧願留在有毒的關係中。但蒂娜沒有水晶球，她又怎麼知道未來不會過得更好呢。

因此，除了提醒自己生命有限外，也要相信未來充滿機會，得好好把握。

課間練習↓計算自己還有幾天可活

請完成以下算式：

（80減你的年齡）乘以365

理想的話，你最多剩這些日子可以活了。

接下來請想想，如果你明天就要死了，你人生有什麼遺憾？

最後，再請你想想，如果你只剩下四年的生命，今天會開始做些什麼改變，以確保你不會帶著那些遺憾終了？而你的人生優先順序會產生什麼變化？

小結

找出你認為最重要的事，做決定就會變得容易許多，無論是小事（吃蛋糕或沙拉），還是更重大的事（離職去當背包客）。找到夢想的職業或人生目標，篩掉不適合的價值觀，並檢視你的排序表是否健康，是否過於以自我為中心。大多數人會優先考慮自己的議題而不是為他人服務，這可能會令人憂鬱，因為過於內省的話，就會鑽牛角尖。因此，我們一定要找出遠大而超越自我的使命或目標。

我們終將一死，活在地球上的時間很有限，所以一定要好好評估人生的優先順序。保持信念和希望、相信明天會更好，就能化解對死亡的恐懼，不再陷入絕望和沮喪中。對未來保持希望，是人類最基本的心理需求。在下一章，我們將探討信念如何影響你在這方面的想法。

6

我的信念是否有益？

若能知道自己為什麼而活，
那麼當下不管過那種生活都可以忍受。

—
尼采

有個女人在海邊游泳，游到一半感到疲累，覺得好像快溺水了。附近小船上的觀光客對著這個女人大喊「丟掉身上的背包」，但她聽不見。這個背包如一塊沉重的石頭壓在她身上。女人發現船上的人在大喊，但她吼回去：「不，這個包很珍貴！」背包拖著她，她拚命踢腿想游回岸上，卻愈來愈無力。船上的人繼續大喊，但這個女人很固執；背包裡裝著她這些年收集的各種東西，她非常珍惜。

這個女人在海上載浮載沉，眼看就要淹死，她才不情願地丟掉那個背包。就在那一剎那，她迅速浮上水面，吸到她這一生中最甜美的空氣。她感到如釋重負，生平第一次，她意識到那個背包是多麼大的負擔，讓她身陷絕望中。

這個故事是我在戒酒互助會中聽到的。成癮者想要復原，實際上取決於想改變的意志。然而，人都是不到黃河心不死，許多成員的配合度都很低，所以拒絕聽從專業人員的建議和指示，直到生活已經瀕臨崩潰邊緣。因此，有時我們得接受新的看法，不要執著於舊的信念和思維。

如果你對自己的生活很滿意，那麼就沒有理由要改變信念。然而，如果你對自己的生活不滿意，想法就必須有些改變，才會有轉機。放棄舊信念很不容易、很痛苦，但它們對人生無益，放掉才有希望。

你就是自己相信的那種人

想像一下，一夜之間，你失去了所有的記憶，醒來時忘了自己是誰。這時，若身邊有人提醒你的身分，你的舉止和行為會是如何：

- 受人尊敬的億萬富翁。
- 特種部隊的菁英，拿過無數獎章。
- 健身雜誌的封面模特兒，被選為世上最有魅力的人。

如果有人說你是失敗組的，那你的舉止會是如何？

- 有嚴重精神問題、沉迷於毒品的遊民。

- 過氣的音樂人，唯一的成名曲已經沒有人記得了。
- 因喝醉酒失態而意外爆紅的網路名人。

這些新身分會影響你的想法、感覺和行為。我開始執業時，就努力讓自己相信，我已是成功的人生教練。我自信滿點，表現得像大師一樣，包括努力招收學員、不斷培養相關的技能並向最優秀的人學習。這對於我今日的成就非常重要，不少名人和菁英都是我的客戶。只要你相信自己有魅力，便會做出更多行動來強化這個認同，像是吃得健康、定期運動、精心打扮和睡美容覺。我第一章談到「標籤理論」，其實你也能反過來應用它。說自己「又胖又醜」，反而會自暴自棄，不如說自己「健康有型」，先提升自己的感覺，再去揣摩健康人士的舉止。你會成為內心所相信的自己。

在一九五〇年代，許多人都嘗試要在四分鐘內跑完一英里，運動界人士稱此為「四分鐘障礙」。直到一九五四年的某天，羅傑・班尼斯特（Roger Bannister）以三分五十九點四秒的成績達成。僅僅四十六天後，澳洲選手約翰・蘭迪（John Landy）便以三分五十八秒再次打破四分鐘大關。自那時起，已有近一千五百名跑者持續打破這個「不可能」的障礙。

世上還有許多「不可能」的事，比如大器晚成的演員或是創業家。想想看，你的生活中有哪些你認為不可能成真的信念。

課間練習↓找出綁手綁腳的信念

請思考以下問題：

- 你認為自己目前沒有哪項正面特質？
- 現在想像你有那個特質，接著看看自己會有什麼不同的表現，會做出哪些不同的選擇？

接下來，思考一下你的未來：

- 你認為有哪些夢想或抱負不可能實現？
- 你如何確定它們不可能成真？

挑戰對人生無益的信念

想要挑戰對人生無用的信念，方法很多，認知行為療法就是其中之一。既然信念會影響情緒和行為，所以我們可分五個階段來修正：

A．誘發事件（Activating event）：確認哪些事件觸發了哪些反應？

B．信念（Beliefs）：對自己、他人和世界有什麼看法？

C．後果（Consequences）：在這些信念架構下，我們如何因應這個事件，內心有什麼感覺、又準備如何行動？

D．爭論（Disputation）：反駁舊信念。

E．有效的新信念（Effective new belief）：取代舊信念。

就認知行為療法的前提來看，決定我們反應的不是事件，而是過程中我們所把持的信念。事件不會直接觸發後果。兩個人經歷同一件事，但只要各自所持的信念不同，就會有截然不同的反應。

我的學員茱莉三十出頭，是一位才華橫溢的建築師。她跟前男友交往時懷孕了，感情結束後，她就決定獨立撫養小孩。隨著時間的推移，她覺得愈來愈寂寞，但她沒有信心跟新對象約會。經過幾次失敗的經驗後她放棄了，她相信，因為是自己單親媽媽，所以才找不到好伴侶。

於是，我和她一起進行五階段練習：

誘發事件：參加新的社團活動時有人想認識她。

信念：我不敢認識新對象，因為我已經有小孩了。

後果：參加活動時感到不自在，又不想認識新朋友，於是繼續保持單身。

人物若換成是另一個自覺有魅力的人，其反應和結果會非常不同。但是相反地，茱莉卻深信自己沒人愛，所以變得更加孤僻。我試著挑戰茱莉的信念，並請她自己想出反例：

爭論：其實，有個聊得來的新朋友並不介意她有孩子，而且她的閨密也跟單親爸爸約會。事實上，她另外一個好友也是由繼父養大的。

茱莉以為單親的人很難找對象，其實是自己的偏見，就連她自己都能找出許多反例。接下來，我們討論有哪些新的信念更具體、對生活更有幫助：

有效的新信念：有些對象不會介意約會對象有小孩；如果他真的介意的話，那麼這個人並不適合我。

起初，茱莉拒絕改變她的信念。長久以來，她用這些信念來保護自己，反正不去認識新對象，就不會被人拒絕。然而在採用認知療法後，她才發現自己對約會的想法並不真實，甚至一點意義也沒有。

無益的思維陷阱

我們看到，茱莉的信念是一種以偏概全的思維，對她的人生沒有助益。以下還有其他思維陷阱：

- 非黑即白（全有或全無）：例如，相信自己做人完美或失敗，兩者之間沒有灰色地帶。為了擺脫這個陷阱，問問自己：「關於這件事，有沒有中間立場可以選擇，有其他的解釋方式嗎？」
- 算命：根據極少或不存在的證據來預測未來，為了擺脫這種陷阱，就問問自己：「我怎麼確定這件事一定會失敗？」
- 小題大作：只想到最糟的情況，並誇大事件的嚴重性。例如，有人在三十歲前還是母胎單身，就認為自己以後一定會孤獨死。要消除這個陷阱，就問問自己：「事情真有像我想的那麼糟嗎？」
- 過度自責：若某人沒回訊息或對你皺眉頭，你就以為是自己做錯了。要跳脫這個陷阱，就要問問自己：「除了我之外，還有什麼原因會導致這件事發生？」

- 情緒性推理：沒有確鑿的證據，憑心情就相信某事的真假。你應問問自己：「有什麼證據可以支持這一點？」
- 一廂情願：對自己或他人提出不切實際的要求。要跳脫這個陷阱，就要多問自己：「為什麼事情非得要這麼做？有什麼其他的方法嗎？」

此外，其他要注意的思維陷阱還有：

- 比較：「其他人都結婚生子了，我一定有問題！」
- 基因謬誤：「我很容易焦慮，因為我媽媽有憂鬱症。」
- 宿命論：「我永遠不會成為幸福的人。」
- 烏托邦主義：「只要擁有財富和理想的伴侶，我就會快樂。」
- 自我標籤：「我不喜歡參加社團活動，因為我是一個內向的人。」
- 無限上綱：「我被資遣了。我是一個失敗的人。」

其實，茱莉也一直以為，找到理想的男人「並不難」。她告訴自己：「如果我變得更有魅力，那肯定會有好男人愛我。」其實這種信念會磨損她的自信心。我問她何謂好男人的條件，她回答如下：

- 年薪至少七萬英鎊
- 帥氣
- 聰明
- 在倫敦有房子
- 年齡介於四十歲至四十九歲

在二〇一九年，居住在倫敦的男性約有四百五十萬人。而在英國，收入超過七萬英鎊的人口比例約為百分之六，所以大約是二十七萬人，但茱莉認為夠帥的男子只有百分之十，於是剩下二萬七千人。

接著，她只想要前百分之二十的聰明人，於是範圍縮小至五千四百人。根據政府統計，這樣的人一半已婚了，所以人數縮減至二千七百人。她想要四十歲左右的對象，這大約是二千七百人中的百分之十四，那只剩下三百七十八位。在整個倫敦地區，要從四百五十萬名男性中找到這三百七十八位的其中一位，絕非易事！

此外，我們甚至還沒考量到感情上的化學效應。即便她降低標準，選擇前百分之二十的帥哥，那還是要從數百萬人中挑出七百五十六人。

以上的估計只是基於一些常見的數字，我想社會學者會有更精確地統計。總而言之，茱莉跟我做完算式後，就不會覺得找到好男人「很容易」了。

有些信念已經過時了

我和茱莉分享了一個有用的NLP原則：「過去不等於未來」。過去發生過某事，未來不見得會再次發生；過去的事實，不一定是未來的真理。

經歷某個事件後，我們會不自覺地產生某些信念。我以前一直相信，我跟這個世界格格不入。小時候，母親會跟她的親戚說羅馬尼亞語，但從未教過我，於是我完全聽不懂她們在聊什麼。親戚都喜歡看足球，但我只喜歡打電動，所以他們便排擠我。去學校後，同學因我的羅馬尼亞血統而歧視我。

這些往事我一直記在心中。但最重要的是，它們是真的嗎？讀者應該會留意到，這些故事充滿了思維陷阱，包括以偏概全和過度自責。

想想你的往事和那些無益的信念，現在仍然成立嗎？透過認知行為的五階段練習法，挑戰自己有問題的舊信念，接著建立有益的新信念。舉例來說，為了消除「我與世界格格不入」的信念，我提出以下證據來反駁：

- 我是地球人，跟其他幾十億人一樣在這世上生活。
- 我參加戒酒互助團體，與夥伴們一起奮鬥、安慰彼此。
- 我有幾位知己好友。

某些信念無法用理性和認知的方式移除，因為它是從強烈的情感經驗（像是創傷和令人難過的事件）中產生。除了要從不同的角度去思考，還要以不同的方式去體驗它。某些事你在理智上能理解，身體卻無法克服，像是懼曠症。在這種情況下，就要透過潛意識相關的療法來處理，例如催眠。

在童年時被灌輸的無意識信念

我的客戶大衛在某公司擔任經理，他認為自己有拖延症。此外，他還深信：「我的競爭力不夠。這是個弱肉強食的世界。」

我問大衛，他童年時期從父母那裡接收到什麼樣的訊息，他列出以下信念：

- 「你必須跟人競爭。」
- 「你必須賺很多錢。」
- 「你必須買房子。」
- 「你必須結婚。」
- 「你必須考上頂尖大學。」

然後，他告訴我他從學校得到的訊息：

- 「你必須考上頂尖大學。」
- 「你必須得高分。」
- 「你必須在運動會上獲勝。」

最後，他列出了從朋友那裡得到的訊息：

- 「你必須成功才能成為我們的一員。」

檢查過去在無意識中所接收到的訊息，是屬於「心理動力學」的一環；在人的心智中，有許多無意識的動力在運作。透過一連串的提問，大衛才發現，他在無意識間所接收到的訊息，一直在影響他現在的生活。難怪他會認為這個世界是個競技場！

完成這個練習後，他開始意識到，這些信念是別人創造而灌輸給他的。大衛看到自己觀念上的謬誤，並消除這些無益的信念。他不再相信競爭是存活下去的唯一方法。想一想，童年時，大人們對你灌輸了哪些信念，讓你在潛意識中形成對這世界的看法？

美國精神科醫師史考特・派克的《心靈地圖》是一本很有啟發性的著作。[1]他談到，對於「上帝」這個概念，每個人會隨著童年經歷而有各自的看法。有的父母非常嚴厲，那麼孩子就會認為上帝是個大怒神。父母就像全能的神一樣，孩子需要他們的保護和養育，才能發芽茁壯。

心理學教授保羅・維茨（Paul Vitz）談到「父親創傷」（Father Wound）這個概念。基本上，如果你有個不負責任或暴力狂的父親，就不會相信世上有慈愛的上帝。這是一種無意識的負面偏見，是基於我們的成長背景。

信念會影響我們的自尊，對心理健康和幸福感非常重要。接下來，我們將探討與存在有關的信念（對生命、死亡和未來的想法）以及如何從生活中創造意義。

課間練習↓消除自我捆縛的信念

「升級」你的信念：

・列出你那些負面、自我設限的信念。例如「我不夠好」。

・寫下這些信念的來源與形成過程。在成長過程中，你從誰的身上接收到些訊息？

- 提出證據或反對的論點來挑戰這些信念，包括它們所造成的阻礙。
- 寫下對你更有益的信念，並列出支持的證據。

找回有生命意義的信念

生命本身有遠大的意義嗎？

許多哲學家和思想家都在思索：「我們在這世上有什麼意義？」答案的範圍很廣，包括「一切都毫無意義」、以及「每個想法和行動都會對此生或來世造成影響」。

有些人過得很虛無，只想瘋狂追劇和滑手機，但這種態度對生活沒有幫助，尤其當你過得艱難時。痛苦一定會出現，只差在何時到來而已。思考生命的意義，你才能找到支撐的力量。

在參加戒酒互助會之前，我極度討厭跟宗教和靈性有關的活動。參加聚會後，志工與導師提供了許多精神上的指引，後來我也開始當志工，去幫助情感上需要有人支持、傾聽的夥伴。我很喜歡這項任務，特別是當對方感到很受用時。

後來我成為互助會的執行祕書，並參與其他類型的治療團體。我工作狂症狀減輕了，也不再每天喝六杯咖啡。我有充足的睡眠，每週至少休息一整天。我現在很習慣說「不」，因為我已得到足夠的收入和關愛。我也會為朋友和家人——還有自己騰出時間。以前工作上癮時，我可以不吃飯、不洗澡、不睡覺。我現在會把次要的任務委派給同仁，不要每件事都親力親為。我開始相信，我與宇宙和眾多生命有所連結，對金錢和成功的意義也有不同的見解。

從此以後，我變得沒那麼自私，心情更平靜了。我繼續實踐十二步驟治療法，焦慮感不斷減低。有時苦難會讓人變得謙卑，被生活擊垮後，我才得以放下舊觀念和舊信念。

在這段旅程中，我學到了自我提問的方法，也就是以誠實和開放的心態自問：「這些信念是否有益？」我從前是個激進的無神論者，固執己見、獨斷獨行，但這種態度對我根本沒有益處。我只是個控制狂和工作狂，我真心相信世人沒有人會幫我，所以我絕對不可以休息。這種有毒的奮鬥文化對任何人都沒有幫助。

生命困頓時需要精神食糧

虛無主義是個複雜的哲學概念。支持者認為，宇宙間任何事都沒有意義。有些人發現，這是一種解放的生命觀，既然任何事物都無關緊要、我們也注定要被遺忘，那就不用給自己壓力。深陷於虛無主義的人會變沮喪、絕望和茫然；反正生活毫無意義，一切都是徒勞。

不過，意義、目標以及對未來的希望是人類基本的心理需求。所以懷抱虛無主義的人很容易有物質成癮的問題。備受尊崇的精神分析學家艾莉卡．科米薩博士（Dr. Erica Komisar）說：「虛無主義是憂鬱和焦慮的沃土。」她接著提到，即使你自己不相信上帝，也應該告訴孩子世上有神，這樣對他們的心理健康比較好。正如她在接受《華爾街日報》採訪時所說：

「人在死後化為塵土」，這樣的想法對成年人來說尚可接受，但對孩子沒有幫助。對天堂保有信念，才能度過巨大而可怕的災難。對於許多承受家庭破裂或校園暴力的孩子來說，想像力才能激發出他們的應變能力。[2]

哈佛大學的研究人員想知道信仰跟心理健康的關係，所以他們找來五千位受試者，而當中有些人是在有宗教信仰或靈性活動的家庭中長大。[3]報告指出，每週至少參加一次宗教聚會的孩童或青少年心理健康指數較高，罹患精神疾病的風險也較低。而每週都參與的孩童，會比較有奉獻、使命感和寬恕精神，吸毒和過早性行為的機率也會降低。另外，研究人員也訪問了美國十萬多名醫護人員，結果發現，每週參加宗教活動的人「死於絕望」的風險較低；女性風險降低了百分之六十八；男性降低了百分之三十三。[4]

上教堂的人滿足了對歸屬感的基本需求，也獲得了存在的意義以及對未來的希望。對於經常接觸疾病、痛苦和死亡醫護人員來說，更需要以有意義的方式來理解痛苦。很明顯地，虛無主義對於心理健康和個人福祉沒有益處。

用超越性的角度來理解苦難

宗教信仰確實有其好處，但也有它的問題，包括守舊的教條、極端主義和腐敗的組織，畢竟維持其運作的人不是十全十美的。沒有信仰也沒關係，還有許多方式可以獲得生命的意義。根據人類天賦療法，找尋意義的方式有三種：

- 挑戰自我：比如參加馬拉松、歌唱比賽等讓自己感到有點壓力的個人目標。
- 找到需要自己的人或動物：孩子、長者、伴侶或寵物都可以。
- 為了更遠大的理念而服務他人：參加慈善機構或非營利組織。
- 做有意義和有成就感的活動：理想的工作、創業、藝術創作或做家事。
- 用超越性的思維來看待苦難：它也許是上帝的考驗，或浩大宇宙計畫的一部分。
- 將個人痛苦轉化為準備克服的挑戰、障礙，並化為個人的成功故事。

接下來先說個故事。

從前有個農夫，有天他看到有匹野馬在他田地裡遊蕩。他不敢相信自己有這麼好運：他免費得到一匹馬。他對人生感到很滿意。但在第二天，那匹馬跑了，農夫突然感到非常沮喪。第三天，這匹馬回來了，還帶回了另外五匹馬！農夫欣喜若狂，還叫兒子過來一起慶祝。他兒子想騎馬，結果跌下來摔斷了腿，必須要撐著拐杖走路。於是農夫又開始怨天尤人。第四天，軍隊進入村莊，要強行徵召身強體壯的年輕人。農夫兒子瘸著腿，於是逃過一劫，免於戰死沙場。兒子照顧農夫到終老。最後，農夫對自己的人生感到非常滿意。

要如何理解苦難？在此我提出了一種概念：宇宙掛毯（Cosmic Tapestry）。遇到一堆壞事時，一開始你會覺得運氣真差，但其實這些事相互關聯，是某個大圓滿計畫的一部分。就像掛毯一樣，近看是凌亂、複雜及毫無意義的布料，但只要離它遠一點，美麗的畫面便會浮現。同樣，我們都經歷過令人痛苦的事情，但在未來，它們的意義就會浮現出來。

我童年承受了許多創傷，於是努力成為一名人生教練。許多心理治療師也經歷個人的生命議題，才成為「負傷的療癒者」（Wounded Healer）。[5]新冠疫情造成了數百萬人死亡和巨大的經濟損失，但還是帶來了一些正向的變化。陸運和航運減少，空汙問題減輕了；人們也更重視安全的性行為，降低意外懷孕和罹患性病的比例。[6]研究人員在訪談了一千五百位民眾後發現，新冠疫情帶來了正面的結果，民眾表示，這段時間，他們得到休息與在家工作的機會，甚至感受到更多的社會聯繫。[7]顯然，烏雲背後還是有一線光明。

當然，要醞釀一段時間後，苦難的意義才會浮現出來。因此我們應該多多安慰那些受苦的人，但最好少講一些不痛不癢的陳腔濫調，像是「想開一點」。走出傷痛需要時間，有時我們只能陪著對方一起哭泣、難過。我們無從得知，此刻的事件在未來是否會轉好。苦難也許能使人成長，透過宇宙掛毯的概念，我們更能培養意志力與耐心。蘋果公司創辦人賈伯斯說：「你無法預先編好人生的章節，只能在回顧時將其串連起來。這些點點滴滴會在未來串連起來。不管是直覺、天命、人生色彩、業力，你儘管相信就是了。」

針對苦難找到有意義的解釋，你就會成為世界上最快樂的人。在這個破碎不堪的世界上，有太多苦難的經歷，只要能了解它們的意義，你就能繼續前行，朝更遠大的目的前進。如果你缺乏這方面的理解，或認為自己只是運氣不好，反正人生沒什麼了不起的，那麼你對意義的內在需求就會有所匱乏，心理健康接著會出問題。所以憂鬱的人內心都有種空虛的感覺。

課間練習↓把宇宙掛毯放到你的生活中

- 列出你生命中重大而有意義的正面事件。

- 回顧在這些事件之前所出現的負面事件。
- 從這些因果關係中看到你人生的意義。

英雄的旅程：將苦難轉化為挑戰

「英雄的旅程」（Hero's Journey）是神話學大師約瑟夫・坎伯（Joseph Campbell）的獨創敘事法。它通常應用於小說中，但也可以用到生活中，讓你把當前的困難視為成長的考驗，甚至當作是一場戰役。英雄必須在磨難中克服考驗、改變性格、發展天賦（坎伯稱之為「轉化」）並歸返家園成為真正的英雄。奇幻電影如《魔戒》和《哈利波特》都是採用這樣的敘事。

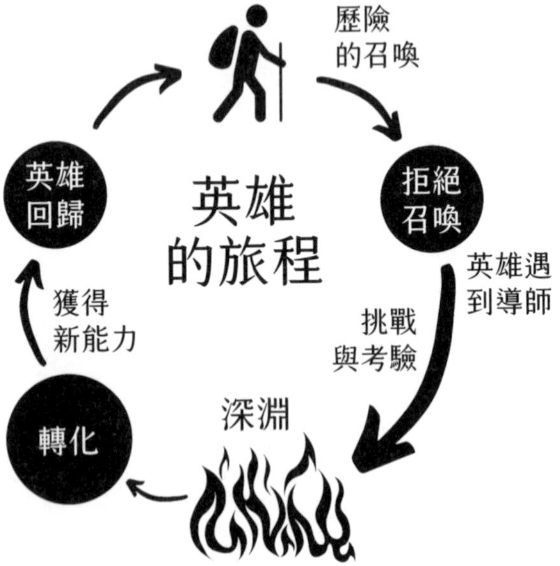

數千年來，人們總是喜歡圍著爐火聽神話傳說。透過英雄故事，我們可以得到啟發和療癒。大腦會不自覺地找尋角色與個人的相似之處，進而激發希望、智慧和動力，以應對人生的挑戰。在創立FDBK約會應用程式時，我非常愛看電視影集《矽谷群瞎傳》，其內容有趣又激勵人心。主角理查和他的公司必須克服許多創業初期的挑戰，而我確實深有同感！

成功人士都必須克服挑戰，無論是在虛構故事還是在現實生活中。想想看，林肯經歷了經商失敗、精神崩潰、未婚妻病逝並在三次選舉中落敗，但依然堅持不懈，最後才成為美國第十六任總統。

無論你面臨到什麼樣的阻礙，都可以成為自己故事中的英雄。

課間練習↓成為你故事中的英雄

1．回顧：從整個人生來看，你現在處於哪個階段？

2．它是否類似於某個奮鬥的故事？

3．你在旅程中學到哪些智慧或技巧？

4．你的故事目前處於哪個階段，深淵、轉化或英雄回歸？

5．閉上眼睛，想像你自己處於這些階段的感覺。

每個人都有自己的戰役要打

與其問「為什麼倒楣的是我」，不如問「下一步該怎麼辦」以及「如何展開奮鬥的歷程」。我母親教過我一句羅馬尼亞的俗語：「每個人都有自己的十字架要背」（Toti ne caram crucea）。人人都必須經歷苦難、為了生存而戰，這一點羅馬尼亞人最懂了。我們國家經歷數十年的貧困後，又遇到了獨裁的共黨統治者西奧塞古，結果造成大規模的糧食短缺，無數孩童被遺棄在孤兒院，還遭受到非人道的虐待，因而被稱為「靈魂的屠宰場」。人民時常沒有電或水可用。

為了推翻暴政、解放人民，反共陣線與獨裁者的黨徒展開內戰。我的父母在一九九〇年逃離羅馬尼亞，口袋裡只有一百英鎊，只為了安全和更好的生活而來到英國。祖父跟我父親耳提面命：「無論去那裡做什麼……都不要回來。祕密警察會殺了你。」

在英國定居幾年後，內政部多次試圖驅離我的家人。我那時還很小，常聽到媽媽在接電話後開始哭泣。我不知道發生了什麼事，所以也跟著哭了。又過了一陣子，政府部門打來告知，她提出的訴願被駁回。

她和我父親在英國打拚了很多年，才獲得良好的生活品質。我母親打三份工，我父親是個網球教練。他們住在溫福德小鎮上一棟漂亮的國營住宅，離布里斯托機場不遠。小時候我常在田野、森林和泥濘中玩耍，並留下一些美好回憶。

我的父母並沒有放棄，而是決定反抗。他們奮鬥不懈，除了請鄰居一起連署請願書，並設法引起議員和媒體的注意。最終他們告上法庭，而且贏了！當時母親對我說：「如果我們被驅逐出境，就會把你留在英國，讓你有更好的人生。否則回羅馬尼亞也只是過得更悲慘。」

每個人在某個時刻都會背上一個十字架，你也許會覺得它太重、太沒意義，所以決定放下，但你也可以勇敢扛起，成為自己人生的英雄。那正是我做出的決定。在我崩潰期間，我一次又一次地在腦海中糾結：「我為什麼活著？人生有什麼意義？」那時我認為自己有強迫症，不斷逼問自己這些人生的問題。我把自己搞瘋了，還在電話裡哭著對媽媽說：「我不能再這樣過日子了，媽媽，我撐不下去了。」她對我說：「尼克，你一直是個鬥士。從小你就很勇敢，以後也會繼續下去。」母親從來沒有接受過人生教練的培訓，但她的精神喊話卻十分奏效。

從那一刻起，我決定要奮戰到底。為了從精神崩潰中恢復過來，我會竭盡所能。於是，我每週去接受心理治療並參與戒酒互助會，定時做瑜珈等放鬆的活動，並保持嚴格的飲食習慣，絕不碰咖啡因和酒精。

這些都不是靈丹妙藥。單靠藥物也不能治好我，光是給超級肥料是無法讓植物生長茁壯的。遺憾的是，現代人只知道要追求立即的撫慰，還以為藥物可以解決所有問題。事實上，藥物只是維持心理健康的環節之一。

於是，我將所有的辦法整合起來，一一應用。不久後我便恢復正常。為什麼呢？因為我與生俱來的人類需求得到了滿足。比如說，我常常與互助會的夥伴們通電話，以滿足我的社交與歸屬感需求。我找到了明確的挑戰目標：從精神崩潰中救回自己。當時，我就像是被告知得了絕症的病人一樣，各類診斷紛紛而來：創傷後壓力症候群、憂鬱症、廣泛性焦慮症，但我下定決心要克服所有這一切。

它確實是項挑戰，有時也很難熬，但我終於復原了。如果你現在正經歷傷痛，只要找到適當的資源，你也能熬得過去！當然，療癒需要時間，請保持耐心。

創業絕非易事，就像打拳擊一樣，會不斷被迎面痛擊。客戶、投資者和政府單位會不斷給你難題。一天結束時，你依然要保持微笑。據估計，光是在英國就有百分之六十的新公司會在前三年內倒閉。[8]因此，除了創業，生活中還有許多難關，如全球疫情、經濟衰退、天災、戰爭等等還需要用巨大的韌性、鬥志才能克服。此外，我們還要有超越自我、跨出舒適圈的勇氣與使命感。

成功人士的空虛感

我在倫敦過著舒適及奢侈的生活，應該要懂得惜福、過得開心一點。但我總是在豪宅裡無病呻吟，還去高檔的健身俱樂部，在溫暖的按摩浴缸中耽溺自憐。[9]我真是不知感恩的人！

以上是說笑的，我只是要強調：光是有錢，人還是不會滿足，錢也不能解決所有的問題。在IMDB（網路電影資料庫）上，有一份死於自殺的演藝人員名單。[10]我不時瀏覽那份名單（逐年增加），看到那麼多才華洋溢的靈魂結束自己的生命，真是令人心碎。

事實上，就算你得到夢想中的財富、名聲和讚賞，還是可能會陷入憂鬱情緒。

所羅門王在公元前九世紀統治以色列，他擁有非常多的財富、土地和情人。然而，他仍感到非常焦慮：「人生毫無意義！一切都是虛幻的！」他所說的「一切」，是指的是他的財富和奢華的生活。其實他說得沒錯，我會提出一些案例來佐證這個道理。

艾倫是極其富有的投資客，他每個月只需要工作一天。其餘的時間他會打網球、上健身房，買點自己喜歡的東西。他還遊世界好幾次，想做的事情都已經完成。問題是：這世界已無法再給他任何東西了。因此，他來到我的沙發上，抱怨他對生活的不滿。他也知道，他現在所擁有的一切是所有人的夢想，但財富和生活對他都已經變得毫無意義。他體驗了人生的榮華富貴，再也感受不到任何刺激。對他來說，生活不過是一台毫無意義的享樂跑步機。

許多成功的企業家也在承受一樣的折磨。他們白手起家、實現了夢想，然後以巨額的價格把公司給大財團。馬庫斯．佩爾松（Markus Persson）是一位非常成功的遊戲程式設計師，他創造了沙盒遊戲《我的世界》（*Minecraft*），並以二十五億美元的價格賣給了微軟。公司被高價收購時，大多數的創業者都會感到欣喜若狂。但根據新聞報導，佩爾松在出售後感到沮喪和憂鬱。[11/12]他在社群媒體上表示：「我從未感到如此孤獨……我擁有了一切，再也找不到任何奮鬥的理由了。」。

所羅門王、艾倫和佩爾松的案例其實並不令人驚訝。為了某目標而努力，讓他們擁有生存的意義。但爬上山巔看一眼壯麗的景象後，他們就已經明白，再也沒有地方可以攀爬了。

嗶嗶鳥與威利狼效應（The Wile E. Coyote Effect）

實現終極目標後，有些人會失去生存的意志。在卡通《蓋酷家庭》中，威利狼在嘗試了多年後終於逮到難以抓到的嗶嗶鳥。威利狼開心極了，還和爸爸一起吃了嗶嗶鳥來慶祝。此時父親問牠：「你接下來打算做什麼？」威利狼回答說：「嗯，從來沒有想過這個問題……我已經追了那隻該死的鳥二十年了！」

幾週後，威利狼依然坐在桌旁，吃著剩下的肉塊，看起來鬱鬱寡歡。威利狼呆滯地坐在電視機前，酒喝得更兇了，還蓬頭垢面、一副挫敗的樣子。牠無意識地盯著宿敵嗶嗶鳥的頭骨。為了維持生計，牠還去餐廳當服務生，在沮喪中，牠寫了一封遺書，最後一句話是「沒有理由再活下去了」，然後試圖把自己彈射到牆上。故事最後有個圓滿的結局，但我是不會劇透的！

這部卡通誇張而幽默，但它精確地呈現出失去意義的後果。存在危機出現時，人會變得沮喪，最終自我了結。有些富豪和成功人士會走到這一步，經歷過巨大痛苦和創傷的人也會。

人生不一定只為了追求安逸

接受嚴苛的訓練、在槍林彈雨下衝鋒陷陣、目睹朋友死於身側、忍受惡劣的天氣條件、背著沉重的野戰裝備、無法好好吃點東西……但許多士兵仍然想要完成使命和履行職責。即便你反對戰爭，也會對他們感到敬畏。

那麼企業家呢？創業的人一開始所得都低於最低薪資（甚至沒有收入），三餐靠著零食果腹，還得在朋友家打地鋪，每天被客戶和投資者反覆拒絕。這些犧牲都是為了創造新事業。

在第二次世界大戰中，為了對抗納粹，許多英國士兵都是自願參戰（哪怕是謊報年齡或不遠千里返國），為了更遠大的動機將自己置身危殆中。在二十一世紀，只需按個按鍵就能得到許多享受，現代人不想受苦，只想顧自己、過著安穩而享樂的生活。雖然生活難免有挑戰，但我們這一代人的確過得太安逸了。

找出比自己更遠大的目標和使命，就可以克服苦痛。有些人會尋求醫生的幫助，抗憂鬱藥物可以緩解苦痛，但它們無法彌補人生的空虛感。因此，請保持耐心，試著找出對你有意義、想全心全力投入的事物。比方說，你可以去幫助遊民、參加社會運動。

英國喜劇演員羅素．布蘭德（Russell Brand）在他的書《復原：自成癮中解脫》（*Recovery: Freedom From Our Addictions*）中提到：「要快樂，就必須有目標。」這是人類與生俱來的需求。痛苦可以忍受，但最怕的是受苦本身沒有意義。虛無主義者認為，人類不過是肉身機器，活在毫無意義的痛苦世界中，最終也將一無所有。他們對人生感到絕望，也活得很沮喪。所以我們要好好檢視自己對人生的各種信念是否有問題。

每個人都有自己執著的念頭

在十六歲那年，我第一次恐慌發作，不斷想著我死後會怎麼樣，會不會沒入永無止盡的寂靜與黑暗？我嚇壞了，很想衝進媽媽的房裡睡在她旁邊！

我很熱愛思考。十三歲時，我和媽媽去逛IKEA，一邊在思索老師教的宇宙起源論。我問她：「媽媽，當太陽耗盡氫氣、在幾十億年後膨脹吞噬地球，宇宙會發生什麼變化？」媽媽皺著眉頭，怒氣沖沖地說：「別鬧了！」她每天要擔心工作、家庭收支等數不清的煩惱，她實在沒有心力回答孩子提出的宇宙大哉問。但我還是每天都在思考死亡、生命的議題。

在伍迪．艾倫的經典電影《安妮霍爾》中，主角的媽媽對心理醫生抱怨說：「這孩子每天都心情不好，連功課都不寫了！」主角回答道：「寫功課有什麼意義呢？宇宙正在膨脹，總有一天會爆炸。」我跟那個主角一樣害怕，尤其在看完科普節目後，還會擔心「宇宙大爆炸」何時會再出現。我還很狐疑，為什麼大家都沒在擔心這些事。總之，在青少年時期，死亡、宇宙生成等問題困擾了我好久。

到了三十歲的時候，我經歷過幾次恐慌發作，對於死亡的焦慮依舊揮之不去。每當這些念頭一閃過，我自己也會嚇得半死。我會去打電動、彈吉他、聽音樂、找朋友聊天，以分散我對死亡的注意力。我的治療師懷疑，這種恐懼是一種自戀，其實我在擔心自己會突然死去。

改變自己，包括重新調整信念、態度、價值觀、行為模式，才能改變生活。如果你真的對生活感到不滿，就應該重新整理自己的想法。年輕的時候，我以為自己已了解生命的真諦：人生是沒有意義的、超自然和來世並不存在、「超脫」是史上最好的樂團、穩定交往是浪費時間（睡覺也是）。

然而，隨著年齡增長，我開始明白這些信念對我沒有好處，而且會害了我。以前人們認為地球是平的、太陽繞著地球轉，但後來科學家證明這些是錯的。以前的醫生也認為「放血」是一種正統的療法，但現在早已被推翻。我們也應該保持開放的態度，經常檢視自己的信念，無論是科學、心理或跟生命意義有關的信念。

許多人都說：「我沒有信仰。」但每個人都有熱情和固執的一面，也會緊緊抓住深信不疑的信念和想法，比如自身支持的政治理念或球隊。我們也都對自己的事業、財富、外貌、感情非常執著。但東西方的偉大思想家都說過，這些是短暫的，不足以帶來持久的滿足。而透過認知行為療法，我們就能檢視這些執著為何對自己無益。

相信天堂有好處沒壞處

我相信有天堂，也像大多數理智成熟的人一樣害怕死亡，但它已不如以往那般令我感到恐懼，反而更像是一種解脫。若要給「人生」這個旅程評價的話，那大家應該會給二顆星，甚至留下許多負面的評論。此刻，我的健康、財務、人際關係都很好，所以會給它四顆星。但我不會永遠保持現狀，這世上苦難還很多。

然而，「天堂」應該會獲得五顆星，但這無濟於事。世上最頂級的飯店也無法獲得完美的評價。人類天生就有缺陷，所以我們創造的任何事物也都是不完美的。出於基因上的限制，人類就是一台軟體已設定好的肉身機器，但沒有任何程式可確保它能發揮最大功效。

法國哲學家巴斯卡提出了一項論證：你最好相信天堂存在，反正錯了沒有什麼損失，對的話你就有機會上天堂。雖然我不是為了上天堂而相信這件事，但這個信念對我有益。我因此對未來保持希望，也認為人生有許多意義；我不再對生活中的大小事感到焦慮不安，也擺脫了對死亡的恐懼。

假設在某趟旅程中，你得先短暫地待在二星級飯店，但不久後就會轉到五星級飯店；那麼你一定可以忍受前幾天的不適。有了希望以及期待，就可以熬過一些糟糕的階段。很少有人會因為要轉機時間而放棄整個假期。

我第一次從英國飛澳洲的時候，坐了三十六小時的飛機。到達當地後，得先克服時差的困擾，我精神恍惚又疲憊不堪，幾天後才恢復正常。但只要一想到之後的美好天氣和陽光海灘，就覺得這些不適是值得的。所以，如果你最近過得有點辛苦，那就不妨跟上帝說說話吧。在永恆的框架下，你的生命只是一個小點；同樣地，這個糟糕的日子也不會永遠持續下去。相信天堂，就比較能忍受現在的苦日子。對未來抱持希望、找到前進的力量，這是一種基本的心理需求。

我的教母瓊安告訴我，她祖母在臨終前的最後一句話是：「孩子，別為我哭泣，我要回家了！」多麼淒美的告別啊！聽到這些話，我深受感動。瓊安的祖母因為信仰而得以安祥離世，在世時也總是對未來充滿希望。

當然，還是有懷疑論者會問：「如果有天堂，那我乾脆自殺，就能早點到那裡報到。」有天堂就有神，祂出於特定的目的而創造了你，所以你在地球上的人生是有意義的。用馬克・吐溫的話來說：「人一生中有兩個最重要的日子：出生的那天，以及發現自己為何而生的那天。」但許多人一談到「上帝」就會惱怒。

怨恨神明對你沒有好處

戒酒互助會有人留下這樣的話：

就在那時，我與牧師、教會都斷開了。他們談到上帝，也就是愛、神的力量和指引，我變得很煩躁，思緒突然中斷。我討厭這樣的理論。

只要一談到生命和宗教的議題，大家都會變得非常激動，特別是談到上帝。這只是一個概念，怎麼會有這麼多的情緒和憤怒呢？我列出以下幾種原因：

- 受苦的人：他經歷過許多痛苦和創傷，又怎麼可能相信世上有全能、全知和大愛的上帝。
- 信徒：要捍衛自己的身分認同與信仰體系。

- 與宗教有關的負面連結；咄咄逼人的傳教士、自命清高的信徒、洗腦文化、極端主義、恐怖分子、獵巫行動、邪教、恐同、腐敗的神職人員、濫用募款資金、歧視某些群體。
- 不想對宗教權威或神明感到有所虧欠，或是覺得自己被監控或評判。
- 「上帝」這個詞會令一些人無意識地想到自己不負責任或施虐的父母。
- 不想被宗教權威當成沒智慧又沒地位的俗人。
- 有些人認為上帝是殘暴的，不寬容又愛記仇。

回顧我以前的無神論立場，以上這些心情我都很熟悉。總之，在探索來世的各種可能性及生命本身的意義時，很難避免上帝或神明這些概念。數個世紀以來，人類也一直都在尋找超自然的答案。

心理學家指出，參加宗教團體和保有信仰是有好處的。美國心理學會前主席馬丁・賽里格曼博士（Dr. Martin Seligman）認為，信仰上帝有助於培養正向的心理狀態：[13]

關於人生的意義，我認為，依附的存在體愈大，就會覺得人生愈有意義。有些人認為，數千年來，為上帝而活的平民都是被誤導了。但事實上，那幾代人都覺得人生充滿了意義。個體的自我主義愈強，離巨大的存在體就愈遠，也更難發展出有意義的人生。膨脹的自我是憂鬱滋生的沃土。

確實，正如我們在本書前段探討的那樣，過度以自我為中心會導致憂鬱。然而，相信上帝也有風險：假如祂剛好是個控制狂，愛記仇、愛生氣、不寬容又無情，那麼信徒就要遭殃了。

我有個朋友是心理學家，她治療過患有宗教強迫症的人。這些患者對上帝痴迷又過度恐懼，還會參與強制性的宗教儀式。這可能是出於對生命的焦慮。他們覺得上帝隨時都在觀察自己有沒有犯錯，所以他們會嚴格遵守教規並參加儀式。她的另一個客戶也是虔誠的教徒，但他覺得很對不起上帝，因為他是同性戀。[14] 數百年來，許多族群都受過宗教組織的迫害和羞辱，而組織都是由人創造和管理的。約翰．彼得斯（John Peters）牧師才感慨地說：「人類有搞砸事情的天分。」或許不是上帝疏遠了我們。而是我們遠離了上帝：說教、冷漠、仇恨、批判和不寬容，其實都是人的問題。

對於信徒來說，最常見被問到的難題便是：「為什麼上帝允許這些災難發生？」當你看到飢餓、生病、垂死之人時，信仰難免就會動搖。然而，許多飢餓與貧困並不是天災所造成的，而是人類的貪婪和腐敗所致。我們應該設法安置弱勢及受苦的人，並公平地分配資源；責怪上帝不是最好的辦法。

這類問題常常會使信徒對生命感到絕望。我的諮商師珍妮佛・嘉蘭來自美國。她在二〇〇六年經歷流產時感到非常絕望。她是虔誠而堅定的基督徒，卻因此罹患憂鬱症。她完全無法理解，為什麼慈愛的上帝會如此對待如她。她做了各種嘗試，才終於走出了憂鬱症的泥淖，還遇到另一個有相同經歷的女性。珍妮佛確信，是上帝讓她經歷這場苦難，這樣她才知道該如何幫助同病相憐的人。現在她的信念和心理狀態都很強大。因此，假如你想信上帝的話，最好還是相信祂是睿智及慈愛的，這樣對你的心靈和生活才有助益。

小心逆火效應（Backfire Effect）

很多人說，凡事他們只相信證據。真的嗎？事實上，由於潛意識的偏見，人們的想法總會違背事實和邏輯，即便看似合理或可信的。舉例來說，心理學上有所謂的「確認偏誤」（Confirmation Bia），也就是說，人類會以既有的信念去尋找證據。另一個需要留意的現象是「逆火效應」，意思是說，別試著說服信念堅定的人，因為他反而會更加強化自己的立場。就拿足球來說，有一次，我天真地跟「布里斯托流浪者」（Bristol Rovers Football Club）的球迷爭辯說，「布里斯托城」（Bristol City FC）的球技更好，因為他們當時的級別高很多。在英國足球界，球隊的實力愈強，能參與的級別就愈高。就是這麼簡單。當然，這個論點遭到大量球迷的反對（還有辱罵）。由此可知，人類會對某個群體或意識形態非常死忠，即使有清楚的反駁證據也不承認。

因此，跟某球隊、某政黨、某宗教團體或夏威夷披薩的愛好者唱反調，都只會鞏固對方的觀點。[15]事實上，他們還會為了這些信念發動戰爭。

請記住，每個人都會緊緊抓住某些意識形態不放，甚至自己也沒察覺到！何不發揮好奇心，去了解不同的立場，支持不同的球隊，看看那是什麼感覺。人生教練界有句名言：今天讓你成功的條件，明天不一定適用。

小結

心理學研究證明，個人的生命信念塑造了他所處的現實條件，接著影響到他的心理健康和福祉。閱讀本章後，若你發現自己的重大信念對生活無益，以下提供有效的修正法：

- 發揮想像力，揣摩跟自己立場不一樣的人的言行與姿態。
- 常常問自己：「這個信念是真的嗎」、「這個信念是受誰的影響」、「這個信念怎麼來的」、「有沒有反駁的證據」。
- 有些信念是伴隨著強烈的情緒而出現，需要人生教練、治療師或催眠師等專業人士才能梳理或重整。基於理性的認知方法無法化解因創傷經歷而產生的信念，比如懼曠症。
- 保持開放的心，問問自己：「我是否對某個答案有偏見？」在英國，陪審團成員必須公開交代一些私事，以確認他們不會偏袒或厭惡被告。有些立場、視角會讓著你得出偏頗的結論，甚至讓你忽視邏輯和證據。

- 無論證據引向何處，你都要願意承認錯誤。哪怕是堅實的科學研究，日後也可能被證明是不正確的。幾十年前常見的正規心理治療法，如今也證明是有害的。學習的腳步不能停下。
- 很多決定都是憑著信心做出的，哪怕有充分的推理過程和證據；信心是一種選擇。

在物質至上的現代西方世界，大多數人都過得太安逸。就像電影《三百壯士》中的薛西斯一世一樣，傲慢地認為自己是神，畢竟他高人一等、又擁有龐大的財富以及軍隊。兩軍對壘時，斯巴達國王列奧尼達一世扔出長矛、劃破薛西斯的臉頰。薛西斯一流血，便驚恐地撫摸自己的臉頰，才意識到他不是永生之神。同樣，許多人都忘記自己終將一死，所以自滿驕傲、凡事拖延、每天只關心瑣碎和膚淺的事情。看到災難新聞時，我們總不自覺地認為：「這應該不會發生在我身上。」但事實上，悲劇會發生在我們所關心的人身上。

理解苦難的意義，當風暴來臨時，才知道如何做好準備。失業、失戀、失眠、失去親人、失去健康、失去青春或失去總冠軍，不管你在承受些什麼，一切都會過去，也包括你的生命。不理解痛苦的話，你會變得更加沮喪，所以我們更需要一些跟生命有關的信念。

對於虛無的人來說，當下擁有的生命就是一切，人生或苦難的終極意義都是假的。問題是，這樣的信念對你有益嗎？這就是你自己要思考的問題。你的人生意義、目標、希望和自尊取決於你的信念。多多檢視自己對人生的偏見，不要太執著，否則你就會被低自尊和潛意識牽著走。

7

如何跨出改變的那一小步？

朝著正確方向邁出的最小一步，

最終會成為你人生中的最大一步。

踮起腳尖，邁出這關鍵的一步吧！

｜

美國非營利組織工作者，納伊姆 · 卡拉威（Naeem Callway）

想要阻絕腦海中的噪音、果斷踏出下一步，問自己這個問題就對了。雖然它看起來簡單又像常識一樣，但行動的確是最難的一步。

為了生活而做出積極的改變，會令人感到自由又興奮，但也會承受不小的壓力。改變的過程必然會有各種不快，所以會一再拖再拖。就像健行時看到上坡，覺得太吃力了，還是改天再說吧。問題是，爬上去才能到達目的地，愈是拖延，就愈是痛苦，等到太陽一大，你就會更加疲累。

有位大學講師的建議是，每次不想寫作業時，就先開新檔案、定好檔案名稱、然後儲存，並告訴自己：「距離完成又近了一步！」隔天打開檔案，你先寫下第一句話、次日再寫完一段；不知不覺中，就會如滾雪球般完成它了。由此可知，最難的一步就是第一步。

完美主義是進步的敵人

每次我書寫到一半，感覺卡卡、失去動力時，就知道拖延症的好朋友「完美主義」又出現了：

嗨，尼克！你的著作必須要擲地有聲，否則就沒有出版的價值。寫不好的話，倒不如別白費功夫了！

想一想這種有毒的完美主義是從何而來。也許你正在考慮要寫一本書、創建YouTube頻道或是創業，但這個宏大的想法還未落實。你看到了山峰，卻不知道攀登的路線。你認為，做事一定要有明顯的成果，於是陷入了這樣的思維陷阱：要嘛做到最好，要嘛乾脆不做。而突破這個矛盾方法就是：邁出最微小的一步。

每天做一點，就能保持動力。我的客戶彼得也是作家，寫作時很容易遇到瓶頸。我發現他有拖延症，果然也是完美主義作祟。他不想寫出平庸之物，在他心中，下筆一定要有傑作。於是，我請他回去後把作品的大綱和初稿寄給我。我還對他進行了引導式催眠，讓他想像自己正在寫作，並說出內心想講的話。果不其然，在一個月內他就完成新作了。

不用每次都練到爆表

有毒的完美主義也會影響我的健身計畫：

嗨，尼克，要鍛鍊身體，每次至少一小時的核心和高強度訓練才有效。既然你今天沒有上健身房的心情，還不如躺在沙發上什麼都不做。

在接受運動營養品大廠MyProtein訪問時，我分享了我的減重歷程。有時候，我真的覺得無法做完一整個課表，我內心的完美主義會說：「看吧？去健身房一點意義都沒有。」然而，我會再鼓勵自己：「往前邁出的最小一步是什麼？」有時候，答案就只是十分鐘的小跑步，或是去公園散散步。以這個策略，加上均衡的飲食和良好的休息，我在一年內便減掉了超過百分之十的體脂肪，一共是二十二公斤！

你不會時時想要進行殺手級的鍛鍊，所以，用你當下存有的精力和時間適量運動就好。如果你認為每次鍛鍊都要累到上氣不接下氣、大汗淋漓，那麼怪不得你會拖延了；光是用想的就足以讓你卻步！放輕鬆，不需每次鍛練都要付出百分之百的努力。

請注意，如果你已年過三、四十歲，或者患有關節炎、慢性疲勞或纖維肌痛等慢性疾病，那你的耐力可能不如年輕時了。如果你已有一段時間沒運動了，則需要一些時間建立良好的習慣、讓自己先動起來，並重新雕塑你的體格。請務實並且保持耐心。

改變所附帶的壓力

如果你問心理學家關於壓力的定義，他們應該會說：改變。精神科醫師湯瑪士・荷姆（Thomas Holmes）和理察・瑞伊（Richard Rahe）對五千名病患進行調查研究，以了解壓力與疾病的關係。接著他們提出了社會適應量表（Social Readjustment Rating Scale），請患者評量四十三種生活事件，結果發現，壓力大的事件與疾病有正相關。（請見表一）

要改變的生活事項愈多，感受到的壓力就愈大，進而生病。人是習慣性動物，即使是正面積極的變化（像是結婚或升官）也會帶來壓力。為了適應新狀況，大腦必須更加努力運作才能跟上。舉例來說，事業成功、選上民意代表，都會讓你更受人注目。這是正面及令人嚮往的經驗，但也會引起恐懼感，因為你必須適應人們和媒體對你的關注，在公開場合講話時也得更加謹慎。

結婚是一種正面的經驗，但也會帶來壓力，包括籌劃婚禮、整合伴侶的財務和資源以及擬定養育小孩的計畫等。

調整到理想狀況後，就等於適應成功了，不必再努力思考或解決問題。總之，如果你想改變生活，最好從小處著手。

表一：會帶來壓力的生活事件

生活事件	生活變化值
結婚	50
重大財務變化	38
改行換工作	36
個人傑出成就	28
入學或畢業	26
生活環境大變化	25
工作時間或環境大改變	20
遷居	20
社交活動大改變	18
睡眠習慣大改變	16
飲食習慣大改變	16
網路斷線了[1]	9000+

完成總比完美好

無論你是待在一份乏味的工作，還是處於一段不開心的關係，都會想要有所改變，但又會害怕跨出舒適圈。比如說，創業前期會沒有穩定的薪水，找到新對象前會有一段空窗期，更可怕的是，要戒掉咖啡和甜點的生活！[2] 舒適的監獄是最難逃脫的。你會擔心失敗，害怕自己不夠好，無法讓未來的目標成真。但好消息是，你不用明天就遞辭呈或提分手。你只需要採取下一小步，比如打開求職網站、跟伴侶好好溝通，或者今天改喝低濃度的咖啡。確實，要戒除壞習慣，積極的行動是必要的。要克服拖延症的話，反倒要放輕鬆，請牢記以下口訣：

完成比完美好，
有做比完成好，
有總比沒有好！

邁出最小的一步後，再邁出下一步就不難了，這時你能對自己說：「看吧？還不賴嘛！」輕輕地將雪球推下斜坡，就能創造出排山倒海之勢！舉例來說，我很討厭洗碗，總是拖著不去做。所以我開始鼓勵自己：「好吧，只洗一把叉子就好。」叉子比較容易清理，通常也不髒。通常洗完叉子後，我會順便再洗湯匙。不知不覺中，所有的碗盤都洗好了！

保持信念，只需要邁出第一步，接下來的步伐便會自然地踏出。信念不見得讓事情變得更容易，但確實使事情成為可能。不要問自己「出錯了怎麼辦」或「做不到怎麼辦」，試著改問「順利做到的話呢」。不要害怕別人會怎麼看待你的改變，請記住人臨終時最常見的遺憾：「希望我有勇氣過得更真實，而不是迎合他人的期望而活。」

有時，我們會非常害怕改變，是因為過去的創傷所致。

不是不想做，而是想起過往的傷痛

我有個客戶瑞克快三十歲了，他是個大有可為的演員，也是人生的勝利組，經濟狀況、事業和友情都很圓滿，唯有感情一片空白。只要和女生說話，他就會完全呆住。我試了各種治療法都沒效，只要在約會前，他就會非常焦慮，甚至臨陣脫逃。

我在現場觀察到，只要談到這個話題，他都會出現驚恐的表情。我猜想他有恐女症，他也有點同意。恐懼症無所不在，而這可能是由於創傷事件所致。這時我決定要用特殊的方式來處理。

在催眠過程中，我問他是否記得任何跟女性有關的事件，他回想起，在他十多歲時，曾被被女生拒絕並羞辱。當時他的杏仁核與該事件進行了模式比對，此後，每當他與女性交談時，杏仁核便會發出警訊並分泌腎上腺素，促使他做出逃跑或僵住的反應。他看到女生時的凍結反應便是這麼來的。

為了克服這一點，我們讓他進入放鬆狀態（降低皮脂醇的分泌），然後喚起最初的創傷事件，這麼一來，就能從記憶中移除壓力源。這就是所謂的倒帶治療法。之後，我們又進行引導式催眠，讓他在平靜、放鬆又有自信的狀態下，想像去參加約會的畫面。結果令人難以置信。

幾天後，我收到瑞克的訊息：「參加午餐約會，雖然很緊張，但我順利跟對方談了一個小時！」這真是太令人驚喜了。

瑞克不願意跟女生說話，不是因為懶惰，也不是怯懦，而是過去的創傷所致。同樣地，在生活中，你絕對不敢做的事情（光想到就會非常焦慮），無論是去相親還是上台演講，都可能跟過往的傷痛有關。在這種情況下，尋找訓練有素的專業人員就是治療恐懼症的第一個微小步伐。

激勵自己改變

正在閱讀這本書的你，應該是真的想要改變生活吧？也許是想提升成就感和滿足感、增加人生的意義與目的。或是更具體一點，想增加年收入、減輕體重或是壯大肌肉。總之，格雷徹—丹尼米勒的改變方程式（Gleicher-Dannemiller Formula for Change）都能幫上忙：

改變＝D×V×F＞R

D＝不滿（Dissatisfaction）

V＝願景（Vision）

F＝第一個具體步驟（First concrete step）

R＝抗拒（Resistance）

只要前三個因素大於抗拒，你就會改變！否則你就會繼續反抗，讓生活保持原樣。如何克服阻力？謙虛、意願、開放的心以及長遠的計畫。因此，可將上述公式更改為哈特獨創的版本：

改變＝D×V×H×O×W×（F＋S）

D＝不滿

V＝願景

H＝謙虛（Humility）

O＝對新的想法和資訊抱持開放態度（Open-mindedness to new ideas and information）

W＝願意做出不同的選擇並致力於改變（Willingness to choose differently and commit to change）

F＝第一小步（First tiny step）

S＝策略（Strategy）

有酗酒或吸毒問題的人，很容易失去家庭、家人和工作，他們對人生都非常不滿（D）。吃太多含糖食物因而患上第二型糖尿病的人也是如此。在復原過程中，他們會先「跌入谷底」。

H、O、W和S也是不可或缺的部分：

謙虛：人不是全知全能，總會犯錯。
開放：樂於接收新資訊。
意願：主動做出不同的選擇，努力改變內外條件。
策略：設定長期的計畫、進行風險評估、擬定解決辦法。

如果少了這些組成部分，那你只會對生活不滿、空想著美好的未來，但擬不出具體的計畫。保持謙虛，才會主動尋求外界的幫助（如書籍、教練或治療師），並敞開心胸去嘗試新事物（找人討論、上課）、做出不同的選擇。那麼你的不滿以及藍天願景才會發揮激勵的效用，改變成真的機率才會提高。

我有位學員是事業成功的女強人，她五十多歲了，難相處又頑固。在初期的會談過程中，她直率地告訴我：「我管理過三個非常成功的企業。現在我五十多歲，人生也有點經歷了。老實說，我不覺得你能教我什麼新東西。」聽到這些話時，我暗地裡感到絕望。即便她的D值和V值很高，但H值和O值聽起來非常低。我發揮自制和專業的精神，措辭委婉地說：「沒有謙遜的精神，再厲害的教練也發揮不了作用。」有時候，客戶自己找到的答案會更有力量。有時我們無須維持融洽的關係，讓彼此都能有話直說。真相可能是殘酷和令人不安的，它會摧毀我們對自己的看法，並擊垮我們脆弱的自我。但為了成熟和成長，縮小自我是必要的。

課間練習↓應用改變方程式

改變＝D×V×H×O×W×（F＋P）

D＝不滿

我正面臨哪些挑戰，其代價和後果是什麼？

V＝願景

如果我能克服這些挑戰，那麼生活會變得如何？我會看到、感受到、體驗到哪些明顯的變化？我的生活哪方面會變得更好？

H＝謙虛

為何我無法克服這個問題？我需要尋求哪方面的協助？我已嘗試過哪些方法？

O＝開放態度

我對新想法、新建議和新觀點的接受程度如何？為了有更開放的心，我需要做哪些改變？

W＝願意做出不同的選擇和決定

我願意竭盡全力去改變現況嗎？我能展開行動、落實計畫嗎？

F＝第一個具體步驟

克服這個挑戰的第一個超微小步驟是什麼？

S＝策略

我有哪些行動計畫和長期策略？過程中可能會遇到什麼障礙？我該如何克服？

邁出下一步

先練習看看，把「我可以去做」和「應該去做」改成「我會去做」。

當我的客戶說「我會試試看」或「我應該要做」時，我都會直接戳破他們。在潛意識裡，「試試看」代表他們其實沒有打算去做這件事。想像一下，你打一一九，而對方說：「我們會試著派一輛救護車過去。」這時你應該會很生氣：「等一下，『試著』是什麼意思？我這裡有人心臟病發作了！」如果餐廳的服務生告訴你：「你的餐點我們會試試看能不能做好。」那你應該會馬上起身走人。

若對話改成，「我們會派一輛救護車過去」和「你的餐點我們會準備好」，那意思聽起來就明確多了；這件事肯定會發生。NLP的原則是：我們對自己與他人所使用的語言會影響行為。從我自己和客戶的經歷看來，自我對話確實是有效的。

因此，為了邁出最小的一步，就是要答應自己「接下來我會去做」。

邁出第一步的時機，就是現在。如今想成立一家公司，透過線上註冊的方式就可以了。想要建立公司的帳冊？打開文書軟體就可以了。想要開始宣傳業務，發送大批電子郵件就可以了。你無需踏出家門，就可以開始經營一家公司。不論第一步是什麼，只要是當下能做的，不要懷疑，馬上去執行。放下這本書，十分鐘後再回來吧。

針對拖延已久的正向目標，

立刻邁出最小的一步。

完成後，再繼續閱讀下去。

成功了嗎？如果沒有，究竟是什麼阻止了你呢？都已經是最微小的一步了，你仍然在拖延。這時你要進一步問自己：

- 這是真正可行的最小一步嗎？
- 其願景是否缺乏吸引力？
- 再不去做會有嚴重的會果嗎？
- 我在逃避什麼？

放鬆一下，問題迎刃而解

有時候，光是想到邁出第一步，就會令人焦慮，感到壓力重重，特別是當它會改變現狀。如果你的基本需求沒有得到滿足，內心不會有足夠的餘力繼續努力（請回顧第二章）。壓力大或焦慮時，你會被你的杏仁核劫持，難以好好思考。你會陷入認知扭曲的狀態（像是小題大作），即便是往前踏一小步，也要花費十足的力氣！

你內心隱藏了怨恨、恐懼或羞恥，而感到壓力。請回顧第三章，並利用我所設計的自我提問來化解。如果你還在拖延，就先稍微放鬆一下，讓身心恢復一些能量，並想想看下個小行動是什麼。如果你剛剛跑完馬拉松，應該就不會有力氣去學習複雜的代數問題。

從前有一位公主，有次騎馬時頭上戴的皇冠掉了，滾進一個渾濁的大湖裡。那頂皇冠非常高貴，於是她發狂似地拚命尋找，還弄髒了她美麗的白裙。她遍尋不著，變得極度憂傷，並叫來她的僕人和護衛一起找。眾人拿著工具在湖邊翻攪，湖面波瀾起伏，因而變得汙濁。幸運的是，有位睿智的老人從旁邊經過，公主請他幫忙。老人要大家先不要找了。眾人一臉疑惑，但還是照做了。等到湖面平靜後，公主才清楚地看清皇冠的位置，並請人從水裡撈起。她非常驚訝，原來方法竟是如此簡單。湖水一清澈起來，就能清楚看見。

面對壓力或情緒激動時，杏仁核會掌控我們的思維和感覺，阻斷的前額葉（思考大腦）的作用。這時想法和感受會變得非常扭曲，更不想要面對現實，於是狂看電視劇或沉迷於網路。因此，有時我在進行教練課前，會用引導意象讓學員進入深度放鬆的狀態。他們徹底放鬆後，會感到更加平靜，更能清晰地思考。有些客戶上一次課後就有效果。

他們更容易入眠，外表看起來更年輕、更快樂、更有活力，自信心也提升了。

如果你受焦慮、憂鬱、壓力或失眠所苦，那一定要培養放鬆的習慣。有效放鬆，生活才會過得更好。睡眠對於心理健康至關重要，沒有睡好的話，人就會萎靡不振，變得焦慮又喜怒無常。這是因為神經系統沒有釋放前一天累積的情緒。

冥想也是不錯的放鬆方法。但過程中，有些人會感覺渾身不對勁，那可能就是方法用錯了。網路上有很多冥想的應用程式（像是 Calm 和 Headspace），比起自己一人摸索，用它們會比較有方向。經歷過創傷的人在冥想時會感到非常不舒服，在過程中，那些痛苦的思緒和感受會浮現，令他們感到焦慮。改用引導式催眠法，比較容易讓人感到舒服、放鬆；許多客戶在過程中都會不小心睡著了！

不用費太多力氣，只要跟著舒緩的引導聲音，慢慢呼吸，就可以放下緊繃的心情，頭腦不再團團轉，思緒漸漸變慢，內心也更加平靜。

運動也是很好的放鬆法，可幫助你睡得更好，並提升血清素（快樂荷爾蒙）的濃度，但它同時也會激發神經系統，導致後者無法進入放鬆反應（或稱為休息和消化反應）。壓力和焦慮消耗了大腦的大量能量，運動過度的話，反而會影響睡眠品質。因此，為了恢復能量，放鬆還是第一要務。

透過深呼吸、引導式催眠和冥想，就能啟動放鬆反應。神奇的是，研究人員發現，只需要練習十五分鐘，細胞就會開始自我修復！[3]所以，定期放鬆有益於心理健康，身體也會更強壯、更耐用。改善睡眠品質，身體才有修復的機會。過於認真、奮鬥的人（如工作狂）會覺得睡眠和放鬆是在浪費時間，但目前許多研究顯示，成功人士不僅需要睡眠，也需要放鬆，這樣才能培養創造力[4]。不管是從事藝術創作或是解決困難的問題，都需要靈光一閃的時刻；改變世界、影響人類的嶄新發明都是這麼來的。我自己的事業如禮物遊戲和FDBK交友軟體，都是在我感到放鬆時想到的。用愛因斯坦的話來說：「創意是時間消耗後的殘餘物。」

想像你的成功之路

除了引導放鬆外，心理排練（mental rehearsal）還有許多用途。也就是說，運用想像力來預演某個情況（如催眠）。在專業人員（或自己練習）的引導下，你能體驗真實發生的情境，像是以自信的態度上台演講、或是在賽跑時充分發揮實力。

在反烏托邦科幻電影《駭客任務》中，主角尼歐將自己的心智連接到模擬器來學習打鬥。他在虛擬道場與導師莫菲斯激烈對打。從模擬器中醒來時，他說的第一句話是「我會功夫了」。心理排練也是類似的原理。在腦海中練習，在現實生活中做起來會更容易、更自然。因為我們創造了假記憶，進而創造出新的神經迴路，形成了心理上的「肌肉記憶」。

為了證明心理排練的功效，美國俄亥俄州克里夫蘭診所基金會進行了一項研究，將三十名健康的年輕人分成三組：第一組進行心理排練，訓練他們的小指；第二組進行心理排練，訓練他們的二頭肌；第三組不做運動，作為對照組。研究人員測量了每組的力量表現，結果很驚人：

- 第一組的手指力量增加了百分之三十五。
- 第二組的二頭肌力量增加了百分之十三點五（訓練停止後力量維持了三個月）。
- 第三組的力量沒有顯著的增加。[5]

在不費吹灰之力之下，第一組和第二組運用想像力就增加了力量！運動心理學家的其他研究也顯示，透過心理排演，籃球員就能提高投籃的準確性及專注度。[6/7] 還有許多研究報告指出，治療師成功地使用心理排練來幫助病患克服恐懼症和強迫症。[8]

訓練心智，讓它下意識地提升你的信心或啟動放鬆反應。簡而言之，便是從有意識的能力（必須想著某事才能做好）轉變為無意識的能力（想都不想）；心智知道如何在下意識中行動。就像我們可以一邊走路一邊傳訊息，或是邊走邊吃。

除了心理學研究外，在我自己的教練實務中，也有幾個心理排練的成功案例：

- 瑞克在一夕之間從恐女症轉變為首次約會就能聊個一小時。
- 人力資源主管米卡順利克服了她對撰寫報告的恐懼（這曾導致她恐慌發作）。
- 金融分析師哈莉特提升了做簡報的信心，並克服了對於公開演講的恐懼。

有些人會懷疑催眠和引導意象的效果，這是可以理解的，因為荒謬的事情太多了。在電視節目中，催眠師把人變成雞；還有些怪力亂神的人聲稱，他們可以用催眠把你帶回前世。但我希望你暫時拋開偏見，跟我一起練習看看：請專注並有意識地想像以下內容：

> 在腦海中想像一顆黃色的大檸檬，接著拿起水果刀，把檸檬切開，讓味道飄進你的鼻腔。現在把檸檬片含進嘴裡，感受表面的汁液。咬一口，酸酸的檸檬汁會慢慢滲入嘴裡，並挑動你舌尖的味蕾。

你流口水了嗎？能嚐到、聞到甚至感覺到嘴裡的檸檬味嗎？哪怕只是一點點？如果有的話，恭喜你，你剛剛接受了我的催眠！我根本沒有把檸檬放進你的嘴裡，你只是用了自己的想像力。不過，自閉症患者就比較難被催眠。[9]除此之外，我還有催眠誘導法（hypnotic induction）。

我要強調的是，想像力真的非常神奇，所有人都有這種與生俱來的資源。只要有客戶懷疑它的效用，我就會和他們一起做上述的練習。一嚐到想像中的檸檬滋味時，他們都會感到驚奇不已。如果他們不喜歡這種味道，我就會改用香醇綿柔的熱巧克力來溫暖他們的口腔！

催眠也能應用在回憶中。回顧過往時，我們可以重新體驗當時的感受。在催眠的作用下，人可以重新體驗某些場景，尤其是那些伴隨著強烈情感的回憶。想起悲傷的事情會觸發悲傷的感覺；想起最喜歡食物你會開始流口水。事實上，這就是創傷後壓力症候群的運作原理。看到某些事物，你就會想起與那段令人不安而傷痛的記憶，覺得自己正在重新經歷那個事件（這稱為「情緒重現」）。

像是人類天賦學校、融合治療教練（Fusion Therapeutic Coaching）、非凡知識（Uncommon Knowledge）等教練學派，還有尋解導向的治療，都會用催眠和心理排練來對治客戶的強迫症、憤怒和恐懼，而且成效卓著。想要邁出第一步的話，就多做引導式的放鬆，然後進行一些心理排練來假想未來的場景。只要多加練習，直覺力就會增強，以後就能自然地行動。當然，尋求教練或治療師的幫忙效果會更好。

課間練習↓排練你的成功之路

・問問自己，朝著目標邁出的下一小步是什麼？

- 花五分鐘時間，閉上眼睛，想像自己在行動時的平靜、自信以及放鬆感，並適時給予自己鼓勵。在想像的畫面中，看看是否有出現其他的新行動。
- 請上網搜尋免費的放鬆引導影片和音樂。

把工作變娛樂

為了順利邁出微小一步，我們可以想想看，如何讓無聊的活動變得更有趣。洗衣服或散步時，我會聽有聲書或播客節目；健身時我也會聽音樂。總之，把任何事都變成遊戲。

舉例來說，在創業初期，你可以玩個遊戲，看看有多少客戶或投資者會拒絕你。至於報稅或會計等無聊的工作，就當作在玩算術遊戲。在寫這本書時，我也會拖拖拉拉的。每次卡住時，我就會跟自己下戰帖，看看我每天最多可以寫出幾個字。雖然我會寫出一堆廢話，不過有些還是很有內涵的。反正，總會有方法可以讓微小一步變得更有趣！發揮你的想像力吧！

小結

多麼難忘的一趟旅程啊！本書談到的議題非常廣，包括低自尊是如何形成的、人類的基本需求、壞習慣背後的驅力、深深固著的潛意識動機和隱藏的關係模式、核心價值觀、靈性健康以及如何擺脫拖延症。資訊很多，把這本書放在床頭，想到時就可以重新溫習。

對於有拖延症的人來說，總是難以承受自己的不完美，或不知從何開始第一步，有時甚至是受到創傷的拖累。歸根究底，斬除拖延症的最佳方式就是採取微小的步驟。如果你不確定怎麼做，就問問自己，「該如何邁出最小的一步」，然後馬上去做。

記住，第一步愈小愈好。面對重大的任務時，我們總是會焦慮、感到壓力大，所以再小的一步也會變得非常沉重。這就是拖延的源頭，因為我們的標準太高了。澳洲公衛專家瑪麗・比斯馬克博士（Dr. Marie Bismark）說：「與其問『這麼做好嗎』，不如改問『做到的話我會感到高興嗎』。這方法可應用在任何事情，從跑步、參加社會運動、報稅、游泳以及在午夜眺望星空。」

多多利用心理排練的力量，這是你腦海中的現實模擬器。運用想像力，就能突破拖延症的阻礙。

讀完本書後，如果你還是百思不得其解，不知道該如何踏出最小的一步，以下有一些建議：

- 完成本書任何一個課間練習。
- 溫習第二章所列的情感需求。
- 進行十五分鐘的引導式放鬆，杏仁核會更平靜，你的思維會更清晰、更有邏輯。
- 進行九型人格評估以了解你的潛意識動機。
- 參加治療團體或互助會。每種聚會都有自己的文化，請選擇適合你自己的。
- 尋求專業的助人工作者協助。

溫習

無論在生活中遇到什麼挑戰，包括常見的問題與潛在的困難，應用這七大問題，這都能找到解法。

- **我如何形塑對自己的看法？**

感到自尊低落時，請用第一章的問題自我檢視，想想看為何你會看輕自己。對於負面事件，找到客觀的解釋，不要把過錯都歸於自己。多挑出自己完成的正面事件，以提升自我價值感。

- **我是否缺乏任何基礎需求？**

感到情緒低落、焦慮或沮喪時，可能是人性的需求未被滿足。正如植物需要陽光和水，人類也有生存所需的必要條件。請以正向的方式滿足它們。

・我是否在逃避什麼？

你是否一再陷入壞習慣的循環中？想想看，為什麼這些事情很誘人。怨恨、恐懼、羞恥、創傷、自尊以及未被滿足的需求，都會令人養成壞習慣，以尋求暫時的解脫。

・我潛藏的動機是什麼？

檢視你在人際關係（包括感情、交友或職場）中所潛藏的動機，對自己完全誠實，才能終止自動導航模式，並擺脫有害的相處模式。

・我最重視什麼？

無論買鞋或是選擇工作，大大小小的決定都要符合自己的價值觀。多問自己這個問題，就能更快做出明智的決定。記得，凡事要以自己的價值觀為優先。

- **我的信念是否有益？**

如果你正處於一段艱難的時期，或承受憂鬱之苦，那就需要審視一下你的生命信念，以找出你人生的意義、目的以及對未來的希望。

- **如何跨出改變的那一步？**

這個問題有助於克服拖延症，不管是減肥、整理房間或是擬定重大計畫，你都要懂得按部就班進行。在某些情況下，最關鍵的第一小步是放鬆，這樣你才能恢復體力和清楚的思考力。

請記得，答案就在你心裡，只是等待你自己去挖掘。提出正確的問題，就能提高意識的清明度、發現真正的自己，並活得更加清醒，進而釋放出全部的潛力。

致謝

感謝以下這些人，有你們的幫助，我才能完成這本書。

- 我的母親：我人生第一個導師和人生教練。謝謝妳無怨無悔地支持我。
- 我最好的朋友史蒂夫：謝謝你的笑容，你讓我保持頭腦清醒。這是一個生病的社會，但幸好有你！
- FDBK團隊：我的教練工作因這個事業而更加寬廣，謝謝你們支持我寫這本書。給大家五顆星！
- 西伯恩格羅夫浸信會教堂的Chris Thackery：感謝你的大力支持，你是眾人的典範。
- 我的經紀人Jonathan Pegg：你花了很多時間陪伴我，幫助我完成這個專案。這本書的創意構想要歸功於你。沒有你，這一切都不可能實現！

- 我的編輯，Piatkus Books出版社 的Holly Harley：謝謝妳幫我呈現出這本書的全部優點，感謝妳的支持以及充滿建設性的回饋！
- 治療團體的伙伴們：你們拯救我無數次（其實我也數不清了）。很榮幸能為你們效力並得到你們的支持。
- 劍橋賈吉商學院的導師Brewster Barclay和Simon Stockley：謝謝你們多年來的分享與建言，我獲益良多。
- 我的培訓師、Fusion Therapeutic Coaching的創始人Frances Masters：你現在還在教我許多事！
- 企鵝藍燈書屋的編輯Julia Kellaway：謝謝妳編輯了本書的草稿，並在我創作過程中給予道義上的支持！
- Pan Macmillan的Robin Harvey和Matthew Coleman：謝謝你們發掘我，讓我得以受到頂級出版社的關注。
- 我的教母瓊安：妳是我的守護天使。謝謝妳在我每個人生階段給我智慧、愛與支持。
- 感謝Human Givens Journal的編輯Denise Winn，和Human Givens College的主任Jane

Tyrrell：感謝你們提供在第二章所引用的資料。謝謝！

- Mathys & Squire LLP的James Pitchford博士和Dani Kramer：謝謝妳們對ＦＤＢＫ的慷慨付出和努力。
- Berlad Graham LLP的Ed Turner：謝謝你做我的法律顧問，跟我共度許多開心的時光！
- 傷害我和霸凌我的人：你們的本意是壞的，但卻成就了我的良善。受傷的人才會傷害他人，所以我原諒你們。
- 倫敦的遊民：謝謝你們讓我為你們服務，讓我覺得自己是有用的人。你們值得受到善待。
- 謝謝Vera、Rose和大加那利群島The Gloria Palace Royal飯店的工作人員：謝謝你們在我撰寫本書時的盛情款待。
- 約翰叔叔：你小時候經歷的創傷造就現在的你。我已經原諒你了。希望將來你會過得更平靜。
- 最後，感謝造物主：我能完全復原都靠祢。我所承受的壞事會變成預料之外的好事，都是因為祢的幫忙。

附錄
挑戰小題大作的練習

所謂小題大作，就是在邏輯上的「滑坡效應」（slippery slope）。例如，你認為老闆在生你的氣，於是猜想自己會被炒魷魚、然後就要露宿街頭了。事實上，老闆生氣後會做的事情和決定還很多，你也不至於會馬上破產。

要挑戰這類思維，首先你要花時間深呼吸，讓自己平靜下來。接著分析事件的全貌，並想出各種備案。我們之所以會恐慌，是因為我們以為自己沒有其他選擇。只要保持理性，就能了解事件與當事人的實際關聯，以及合理的發展方向。

老闆對你不滿，於是找你溝通，但可能最後兩人大吵一架。於是你無心工作、考績變差，因此失去了工作。另一種可能性是，你們坦誠以對、化解彼此的歧見，進而建立起更密切的關係；工作順利進行後，你因此獲得了升遷。

再進一步想，火爆的討論、工作考核或失去工作，這三件事發生後該怎麼面對。失業了再找工作就好。考核時，你可以展現自己專業的一面，並報告自己的工作成果。

我們的選擇往往比自己意識到的還要多，所以無需恐慌。每個風險和事件都有相對應的行動或補救計畫，只要你提前規劃、按部就班執行就好！你一定有辦法能防患為然。實際上，最壞的情況發生機率很低。依照以下的自我提問，你就能化解自己小題大作的思維。

- 我通常何時會小題大作？什麼是我的觸發點？
  當我覺得財務狀況有危機時。
- 我最近經歷的小題大作事件。
  老闆預約與我面談。
- 在這種局面下，最糟、最好、最有可能的情況是什麼？

最糟的情況：被解僱、無家可歸、身無分文、破產、離開大城市、變成魯蛇、再也找不到新工作。

最好的情況：獲得升遷、加薪、買新車、家人可以住更大的房子。

最有可能的情況：老闆只是要交付新案子給我。

接下來，想想看可以採取哪些建設性的行動來減少恐懼？譬如，先用引導放鬆讓自己平靜下來。然後發封電子郵件給老闆，確認會議內容是什麼。

若發生最糟的情況，想想看可以怎麼辦？被解僱的話，就到附近就業服務處登記，準備找下一份工作。經濟若有困難，就先賣掉不必要的財產（像是珠寶或收藏品），搬到一個更小、更便宜的住處；去社會局申請失業救濟或福利補貼。有債務問題時，可詢問法律扶助中心。若你沒辦法在大城市住下去，可搬到物價較低的小鄉鎮。

事實上，你也有辦法降低上述情況發生的可能性。譬如報名專業進修，以提升工作表現。為了避免經濟陷入困難，可減少不必要的支出，並養成儲蓄的習慣，或是去尋求理財專家的建議。

shooting,' Theses Digitization Project (2008), 3354. https://scholarworks.lib. csusb.edu/etd-project/3354.

8 Kathleen (Kate) Anne Moore and Graham D. Burrows, 'Hypnosis in the treatment of obsessive-compulsive disorder', Australian Journal of Clinical & Experimental Hypnosis, 19:2 (1991), 63–75. https://www.researchgate.net/publication/232448679_Hypnosis_in_the_treatment_of_obsessivecompulsive_disorder.

9 作為一名基督徒，我相信催眠就像一把瑞士刀，其本身並無好壞之分——重要的是你如何使用它。

13 Martin E. P. Seligman, PhD, *The Optimistic Child – A Proven Programme to Safeguard Children Against Depression and Build Lifelong Resilience* (Boston: Houghton Mifflin, 2007), 42.
14 There's a great TED talk by Kristin Saylor and Jim O'Hanlon on whether or not homosexuality is actually 'a sin'
https://www.youtube.com/ watch?v=XGNZQ64xiqo.
15 你永遠無法說服我這是錯誤的。

第七章

1 這項不在荷姆與瑞伊原先的生活事件壓力量表內，但連不到網路可能會帶來壓力，尤其是在後疫情世界中！
2 如果沒有其中任何一樣，許多人會難以生存，而它也是你不願失去的東西！
3 M. K. Bhasin, J. A. Dusek, B. H. Chang, M. G. Joseph, J. W. Denninger, et al., 'Relaxation Response Induces Temporal Transcriptome Changes in Energy Metabolism, Insulin Secretion and Inflammatory Pathways', *PLOS ONE* 8:5(2013), e62817. https://doi.org/10.1371/journal.pone.0062817.
4 Ding Xiaoqian, Yi-Yuan Tang, Rongxiang Tang and Michael Posner, 'Improving creativity performance by short-term meditation', *Behavioral and Brain Functions*, 10: 9 (2014).
https://doi.org/10.1186/1744-9081-10-9.
5 V. K. Ranganathan, V. Siemionow, J. Z. Liu, V. Sahgal and G. H. Yue, 'From mental power to muscle power–gaining strength by using the mind', *Neuropsychologia*, 42:7 (2004), 944–956.
https://doi.org/10.1016/j. neuropsychologia.2003.11.018.
6 J. Pates, A. Cummings and I. Maynard, 'The effects of hypnosis on flow states and three-point shooting performance in basketball players', *Sport Psychologist*, 16:1(2002), 34–47.
https://doi.org /10.1123/tsp.16.1.34.
7 Jamaal Edward Cannon, 'Effects of imagery use in basketball free throw

2 'Don't Believe in God? Lie to Your Children', *Wall Street Journal* https://www.wsj.com/articles/dont-believe-in-god-lie-to-your-children-11575591658

3 Ying Chen and Tyler J. VanderWeele, 'Associations of Religious Upbringing With Subsequent Health and Well-Being From Adolescence to Young Adulthood: An Outcome-Wide Analysis', *American Journal of Epidemiology*, 187:11 (November 2018), 2355–2364.
https://doi.org/10.1093/aje/kwy142.

4 Y. Chen, H. K. Koh, I. Kawachi, M. Botticelli, T. J. VanderWeele, 'Religious Service Attendance and Deaths Related to Drugs, Alcohol, and Suicide Among US Health Care Professionals', *JAMA Psychiatry*, 77:7 (2020), 737–744.
https://doi.org/10.1001/jamapsychiatry.2020.0175.

5 「負傷的療癒者」指的是從事專業助人工作的人，因為他們自己也受過傷並且知道那種感覺。

6 B. Nelson, 'The positive effects of Covid-19', BMJ, 369 (May 2020)

7 M. Gijzen, et al., 'The Bittersweet Effects of Covid-19 on Mental Health: Results of an Online Survey among a Sample of the Dutch Population Five Weeks after Relaxation of Lockdown Restrictions', *International Journal of Environmental Research and Public Health*, 17:23 (4 December 2020)
https://pubmed.ncbi.nlm.nih.gov/33291765/.

8 The Telegraph, 'Start-ups across the UK are going bust – they need more careful management for our economy to boom'.

9 他們說金錢並不能使你快樂，這在一定程度上確實是正確的，儘管我更想要在jacuzzi水療按摩浴缸中盡情享受。

10 IMDB – Actors and Celebrities Who Committed Suicide: https://www.imdb.com/ list/ls097007717/

11 https://www.nzherald.co.nz/entertainment/news/article.cfm?c_id=1501119&objectid=11506059

12 CNN: https://money.cnn.com/2015/08/31/technology/minecraft-creator-tweets/ index.html

5 Douglas McKenna and Sandra Davis, 'Hidden in Plain Sight: The Active Ingredients of Executive Coaching', *Industrial and Organizational Psychology*, 2 (2009), 244–260. https://doi.org/10.1111/j.1754-9434.2009.01143.x.
6 Eric Berne, *Games People Play: The Psychology of Human Relationships*
7 Daniel Kahneman and Angus Deaton 'High income improves evaluation of life but not emotional well-being', *Proceedings of the National Academy of Sciences*, 107:38 (September 2010), 16489–16493; http://doi.org/10.1073/pnas.1011492107

第五章

1 我透過網路約會結交了幾個非常要好的朋友！即便我們沒有「感受到火花，但也成為好麻吉。我還在一場單身派對上認識了我最好的朋友史蒂夫。
2 BBC, 'Who feels lonely? The results of the world's largest loneliness study' – https://www.bbc.co.uk/programmes/articles/2yzhfv4DvqVp5nZyxBD8G23/who-feels-lonely-the-results-of-the-world-s-largest-loneliness-study
3 Pew Research Center, 'Religion's Relationship to Happiness, Civic Engagement and Health Around the World', 2019. https://www.pewforum.org/2019/01/31/ religions-relationship-to-happiness-civic-engagement-and-health-around-theworld/
4 如柴克雷牧師這般無私和謙遜的人，我猜想他會謝謝我說了這句話，然後指出他慷慨的精神從何而來，並告訴我要敬仰的是上帝而不是他！
5 Public Health England, 'Life expectancy in England in 2020', https://publichealthmatters.blog.gov.uk/2021/03/31/life-expectancy-in-england-in2020/

第六章

1 我用「上帝」這個字來表示一個超越性的存在，基本上，就是一個全能全知的創造者和神。

informationsupport/risk-factors/your-weight-and-heart-disease – accessed 29 March 2021.

3 C. J. Andersen, K. E. Murphy and L. M. Fernandez, (2016) 'Impact of Obesity and Metabolic Syndrome on Immunity', *Advances in Nutrition* 7:1 (2016), 66–75. https://doi.org/10.3945/an.115.010207.

4 K. V. Jespersen and P. Vuust, 'The Effect of Relaxation Music Listening on Sleep Quality in Traumatized Refugees: A Pilot Study', *Journal of Music Therapy*, 49:2 (Summer 2012), 205–29.
https://doi.org/10.1093/jmt/49.2.205. PMID: 26753218.

5 舉個例子：出於某種原因，我很少被金髮女子所吸引，但我似乎對棕髮女子有特別的偏好和喜愛。

6 舉個例子：我曾經和前女友有過一些嚴重的爭吵，因為每當我打電話給她尋求支持時，她都會進入「指導模式」並試圖要我看到「另一種觀點」，而不是給我安慰和支持。於是我會抱怨：「妳從來沒有同理我！」注意這種全有或全無的想法，代表我被杏仁核劫持了。

第四章

1 J. R. Garcia, C. Reiber, S. G. Massey and A. M. Merriwether, 'Sexual Hookup Culture: A Review', *Review of General Psychology*, 16: 2 (2012), 161–176. https:// doi.org/10.1037/a0027911.

2 Dean Takahashi, 'Ashley Madison "married dating" site grew to 70 million users in 2020'
https://venturebeat.com/2021/02/25/ashleymadison-married-dating-site-grew-to-70-million-users-in-2020/

3 D. R. Hobbs and G. G. Gallup, 'Songs as a medium for embedded reproductive messages', *Evolutionary Psychology: An International Journal of Evolutionary Approaches to Psychology and Behavior*, 9:3 (2011), 390–416. https://pubmed.ncbi. nlm.nih.gov/22947982/.

4 Pia Mellody, *Facing Love Addiction: Giving Yourself the Power to Change the Way You Love* (HarperCollins, 2003), 69.

22 H. Bakwin, 'Emotional deprivation in infants', *The Journal of Pediatrics*, 35 (1949), 512–21.
https://doi.org/10.1016/S0022-3476(49)80071-0.

23 N. Alavi, T. Reshetukha, E. Prost, et al., 'Relationship between Bullying and Suicidal Behaviour in Youth presenting to the Emergency Department', *Journal of the Canadian Academy of Child and Adolescent Psychiatry*, 26:2(2017),70–77. https://www.ncbi.nlm.nih.gov/pmc/articles/PMC5510935/.

24 D. Louie, K. Brook, and E. Frates, 'The Laughter Prescription: A Tool for Lifestyle Medicine', *American Journal of Lifestyle Medicine*, 10:4 (2106), 262–267. https://doi.org/10.1177/1559827614550279.

25 Joe Griffin and Ivan Tyrrell, *Freedom from Addiction: The Secret Behind Successful Addiction Busting* (East Sussex: HG Publishing).

26 J. Evans, I. Macrory, and C. Randall, 'Measuring National Well-being: Life in the UK: 2016', ONS.

27 M. A. Maryam Hedayati and M. A. Mahmoud Khazaei, 'An Investigation of the Relationship between Depression, Meaning in Life and Adult Hope', *Procedia – Social and Behavioral Sciences*, 114 (2014), 598–601.
https://doi.org/10.1016/j. sbspro.2013.12.753.

28 C. J. Nekanda-Trepka, S. Bishop and I. M. Blackburn, 'Hopelessness and depression', British Journal of Clinical Psychology, 22: 1, (1983) 49–60.
https://doi. org/10.1111/j.2044-8260.1983.tb00578.x

29 正是這類的挫敗感讓我創立了FDBK 。請上www.fdbk-app.com/about 了解更多關於我創立它的原因。

30「絕不」和「總是」通常是我們被杏仁核劫持的跡象（在壓力之下的非黑即白思維）。

第三章

1 House of Commons Library, UK Parliament, 'Obesity Statistics', 2021: https://commonslibrary.parliament.uk/research-briefings/sn03336/ – accessed 24 March 2021.

2 British Heart Foundation, 'Obesity', https://www.bhf.org.uk/

14 Y. Netz, 'Is the Comparison between Exercise and Pharmacologic Treatment of Depression in the Clinical Practice Guideline of the American College of Physicians Evidence-Based?' *Frontiers in Pharmacology*, 8: 257 (2017). https://doi. org/10.3389/fphar.2017.00257.
15 Harvard Health Publishing (Harvard Medical School), 'Exercise is an allnatural treatment to fight depression', https://www.health.harvard.edu/mind-and-mood/exercise-is-an-all-natural-treatment-to-fight-depression
16 G. W. Lambert, C. Reid, D. M. Kaye, G. L. Jennings and M. D. Esler, 'Effect of sunlight and season on serotonin turnover in the brain', *Lancet*, 360:9348 7 December 2002),1840–2. https://dx.doi.org/10.1016/s0140-6736(02)11737-5. PMID: 12480364.
17 A. Wirz-Justice, P. Graw, K. Kräuchi, A. Sarrafzadeh, J. English, J. Arendt and L. Sand, '"Natural" light treatment of seasonal affective disorder', *Journal of Affective Disorders*, 37:2–3 (12 April 1996), 109–20. https://dx.doi.org/10.1016/0165- 0327(95)00081-x. PMID: 8731073.
18 N. E. Rosenthal, D. A. Sack, C. J. Carpenter, B. L. Parry, W. B. Mendelson and T. A. Wehr, 'Antidepressant effects of light in seasonal affective disorder', *American Journal of Psychiatry*, 142:2 (February 1985), 163–70. https://dx.doi. org/10.1176/ajp.142.2.163. PMID: 3882000.
19 R. E. Anglin, Z. Samaan, S. D. Walter and S. D. McDonald, 'Vitamin D deficiency and depression in adults: systematic review and meta-analysis', *British Journal of Psychiatry*, 202 (2013), 100–107. https://doi.org/10.1192/bjp. bp.111.106666.
20 N. Leigh-Hunt, D. Bagguley, K. Bash, V. Turner, S. Turnbull, N. Valtorta and W. Caan, 'An overview of systematic reviews on the public health consequences of social isolation and loneliness', *Public Health*, 152 (2017), 157–171. https://doi.org/10.1016/j.puhe.2017.07.035 http://www.sciencedirect.com/science/article/pii/ S0033350617302731.
21 R. Spitz, 'Hospitalism, an inquiry into the genesis of psychiatric conditions in early childhood', *The Psychoanalytic Study of the Child*, 1 (1945), 53–74. https://doi.org/10.1080/00797308.1945.11823126.

6 A. M. Williamson and A. M. Feyer, 'Moderate sleep deprivation produces impairments in cognitive and motor performance equivalent to legally prescribed levels of alcohol intoxication', *Occupational and Environmental Medicine*, 57:10 (2000), 649–655. https://dx.doi.org/10.1136/oem.57.10.649 .
7 Joe Griffin and Ivan Tyrrell, *Why We Dream* (East Sussex: HG Publishing, 2006).
8 N. Parletta, D. Zarnowiecki, J. Cho, A. Wilson, S. Bogomolova, A. Villani, C. Itsiopoulos, T. Niyonsenga, S. Blunden, B. Meyer, L. Segal, B. Baune and K. O'Dea, 'A Mediterranean-style dietary intervention supplemented with fish oil improves diet quality and mental health in people with depression: A randomized controlled trial (HELFIMED)', *Nutritional Neuroscience* (2017), 1–14.
9 Julia Rucklidge, Rebecca Andridge, Brigette Gorman, Neville Blampied, Heather Gordon and Anna Boggis, 'Shaken but unstirred? Effects of micronutrients on stress and trauma after an earthquake: RCT evidence comparing formulas and doses', *Human Psychopharmacology*, 27 (2012), 440–54.
https://dx.doi. org/10.1002/hup.2246.
10 David Mischoulon, 'Omega-3 fatty acids for mood disorders', Harvard Medical School
https://www.health.harvard.edu/blog/omega-3-fatty-acids-for-mooddisorders-2018080314414
11 這是一種因飢餓所引起的憤怒狀態。
12 A. Adan, 'Cognitive performance and dehydration', *Journal of the American College of Nutrition* 31:2 (2012), 71–78.
https://doi.org/10.1080/07315724.2012.10 720011.
13 F. Haghighatdoost, A. Feizi, A. Esmaillzadeh, N. Rashidi-Pourfard, A. H. Keshteli, H. Roohafza, and P. Adibi, 'Drinking plain water is associated with decreased risk of depression and anxiety in adults: Results from a large crosssectional study', *World Journal of Psychiatry*, 8:3 (2018), 88–96.
https://doi. org/10.5498/wjp.v8.i3.88.

7 Office for National Statistics, Adult drinking habits in Great Britain, 2018. https://www.ons.gov.uk/peoplepopulationandcommunity/healthandsocialcare/ drugusealcoholandsmoking/datasets/adultdrinkinghabits

8 S. F. Maier and M. E. Seligman, 'Learned helplessness: Theory and evidence', *Journal of Experimental Psychology: General*, 105:1 (1976), 3–46. https://doi.org/10.1037/0096-3445.105.1.3.

9 C. Peterson, M. E. Seligman and G. E. Vaillant, 'Pessimistic explanatory style is a risk factor for physical illness: A thirty-five-year longitudinal study', *Journal of Personality and Social Psychology*, 55:1 (1988), 23–27. https://doi. org/10.1037/0022-3514.55.1.23.

10 有位培訓師提醒我，嚴格來說，這是「冒名頂替現象」(Imposter Phenomenon)，因為「症候群」意味著它是一種慢性疾病，但事實並非如此！

11 https://www.forbes.com/profile/michael-jordan/

12 https://www.forbes.com/quotes/11194/

13 Jennifer Crocker, Amy Canevello and Ashley A. Brown, 'Social Motivation: Costs and Benefits of Selfishness and Otherishness', *Annual Review of Psychology*, 68:1 (2017), 299–325. https://doi.org/10.1146/annurev-psych-010416-044145 .

第二章

1 Joe Griffin and Ivan Tyrrell, *Human Givens: The New Approach to Emotional Health and Clear Thinking* (East Sussex: HG Publishing, 2003, 2013). † https://www.hgi.org.uk/resources/emotional-needs-audit-ena.

2 https://www.hgi.org.uk/resources/emotional-needs-audit-ena

3 https://www.hgi.org.uk/human-givens/introduction/what-are-human-givens.

4 https://www.sleep.org/athletes-and-sleep/

5 https://www.espn.com/blog/playbook/tech/post/_/id/797/sleep-trackingbrings-new-info-to-athletes

註釋

第一章

1 Francesco Drago, 'Self-Esteem and Earnings'. IZA Discussion Paper No. 3577. Available at SSRN: https://ssrn.com/abstract=1158974 or http://dx.doi.org/10.1111/j.0042-7092.2007.00700.x.

2 FDBK是一款約會應用程式，它會根據你的個人資料，為你提供同類型的回饋數據，以便提高你找到配對對象的機會。你對他人提供的回饋還會因此得到獎勵。詳見：www.fdbk-app.com.

3 T. Scheid and E. Wright, *A Handbook for the Study of Mental Health* (3rd edition, 2017), 140.

4 雖然有人質疑其實證基礎，但NLP已被許多治療師、教練和心理學家廣泛使用。數種NLP技術和模式也已經發展成為各種經過證實的創傷和恐懼症治療方法，像是EMDR（眼動減敏與歷程更新療法）和「倒帶」技術。參見：https://www.nlpco.com/library/eye-movement-integration-therapy/
https://www.hgi.org.uk/useful-information/treatment-dealing-ptsd-trauma-phobias/rewind-technique

5 'The New Face of Codependency'
https://www.addictioninfamily.com/family-issues/new-face-of-codependency/

6 The Children's Society, The Good Childhood Report, 2015. http://www.childrenssociety.org.uk/sites/default/files/TheGoodChildhoodReport2015.pdf.

人生顧問　486

自我提問的力量：掙脫人生困境、提升覺察力、讓潛能炸裂的七大關鍵句

The 7 Questions: The Ultimate Toolkit to Boost Self-Esteem, Unlock Your Potential and Transform Your Life

作　　者—尼克・哈特（Nick Hatter）
譯　　者—李伊婷
責任編輯—許越智
責任企畫—張瑋之
封面設計—陳文德
內文排版—張瑜卿
編輯總監—蘇清霖
董 事 長—趙政岷
出 版 者—時報文化出版企業股份有限公司
一〇八〇一九臺北市和平西路三段二四〇號四樓
發行專線／（〇二）二三〇六—六八四二
讀者服務專線／〇八〇〇—二三一—七〇五、（〇二）二三〇四—七一〇三
讀者服務傳真／（〇二）二三〇四—六八五八
郵撥／一九三四—四七二四時報文化出版公司
信箱／一〇八九九臺北華江橋郵局第九九信箱
時報悅讀網—www.readingtimes.com.tw
法律顧問—理律法律事務所　陳長文律師、李念祖律師
印　　刷—勁達印刷有限公司
初版一刷—二〇二三年五月十九日
初版二刷—二〇二三年六月二十一日
定　　價—新台幣三六〇元

時報文化出版公司成立於一九七五年，並於一九九九年股票上櫃公開發行，於二〇〇八年脫離中時集團非屬旺中，以「尊重智慧與創意的文化事業」為信念。

自我提問的力量：掙脫人生困境、提升覺察力、讓潛能炸裂的七大關鍵句／尼克・哈特（Nick Hatter）著；李伊婷譯
--- 初版 --- 臺北市：時報文化出版企業股份有限公司，2023.05
面；14.8×21公分. ---（人生顧問486）
譯自：The 7 Questions : The Ultimate Toolkit to Boost Self-Esteem, Unlock Your Potential and Transform Your Life
ISBN 978-626-353-778-1（平裝）　1.CST: 自我實現　2.CST: 生活指導
177.2　　110019427

ISBN 978-626-353-778-1　Printed in Taiwan